大学赤本シリーズ

512

近畿大学
理系数学

〈医学部を除く〉
3日程 × **3**カ年

JN062796

教学社

は　し　が　き

　おかげさまで，大学入試の「赤本」は，今年で創刊70周年を迎えました。

　これまで，入試問題や資料をご提供いただいた大学関係者各位，掲載許可をいただいた著作権者の皆様，各科目の解答や対策の執筆にあたられた先生方，そして，赤本を使用してくださったすべての読者の皆様に，厚く御礼を申し上げます。

　以下に，創刊初期の「赤本」のはしがきを引用します。これからも引き続き，受験生の目標の達成や，夢の実現を応援してまいります。

　本書を活用して，入試本番では持てる力を存分に発揮されることを心より願っています。

編者しるす

＊　　　＊　　　＊

　学問の塔にあこがれのまなざしをもって，それぞれの志望する大学の門をたたかんとしている受験生諸君！　人間として生まれてきた私たちは，自己の欲するままに，美しく，強く，そして何よりも人間らしく生きることをねがっている。しかし，一朝一夕にして，この純粋なのぞみが達せられることはない。私たちの行く手には，絶えずさまざまな試練がまちかまえている。この試練を克服していくところに，私たちのねがう真に人間的な世界がはじめて開かれてくるのである。

　人生最初の最大の試練として，諸君の眼前に大学入試がある。この大学入試は，精神的にも身体的にも，大きな苦痛を感ぜしめるであろう。あるスポーツに熟達するには，たゆみなき，はげしい練習を積み重ねることが必要であるように，私たちは，計画的・持続的な努力を払うことによって，この試練を克服し，次の一歩を踏みだすことができる。厳しい試練を経たのちに，はじめて満足すべき成果を獲得できるのである。

　本書は最近の入学試験の問題に，それぞれ解答を付し，さらに問題をふかく分析することによって，その大学独特の傾向や対策をさぐろうとした。本書を一般の参考書とあわせて使用し，まとはずれのない，効果的な受験勉強をされるよう期待したい。

（昭和35年版「赤本」はしがきより）

目 次

掲載内容についてのお断り

- 本書には，理工・建築・薬・農・生物理工・工・産業理工学部および情報学部〈英・数・理型〉の「数学」を掲載しています。情報学部〈英・国・数型〉の「数学」は掲載していません。
- 一般入試前期のうち，下記の日程を掲載しています。
  2024 年度：A 日程 1 月 28 日実施分・B 日程 2 月 11 日実施分・
  　　　　　　B 日程 2 月 13 日実施分
  2023 年度：A 日程 1 月 29 日実施分・B 日程 2 月 11 日実施分・
  　　　　　　B 日程 2 月 13 日実施分
  2022 年度：A 日程 1 月 30 日実施分・B 日程 2 月 12 日実施分・
  　　　　　　B 日程 2 月 13 日実施分
- 近畿大学の赤本には，ほかに下記があります。
  『近畿大学・近畿大学短期大学部（医学部を除く－推薦入試)』
  『近畿大学・近畿大学短期大学部（医学部を除く－一般入試前期)』
  『近畿大学（英語〈医学部を除く 3 日程× 3 カ年〉)』
  『近畿大学（国語〈医学部を除く 3 日程× 3 カ年〉)』
  『近畿大学（医学部－推薦入試・一般入試前期)』
  『近畿大学・近畿大学短期大学部（一般入試後期)』

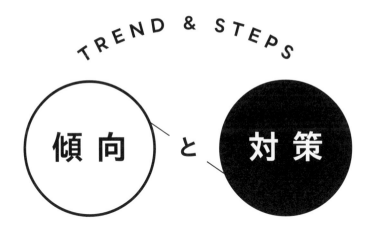

　問題の「傾向」を分析し，具体的にどのような「対策」をすればよいか紹介しています。まずは出題内容をまとめた分析表を見て，試験の概要を把握しましょう。

注　意

　「傾向と対策」で示している，出題科目・出題範囲・試験時間等については，2024年度までに実施された入試の内容に基づいています。2025年度入試の選抜方法については，各大学が発表する学生募集要項を必ずご確認ください。

掲載日程・方式・学部

- 一般入試前期B日程は，学部により試験日が異なります。本書掲載分については下記のとおり。
  【2024年度】2月11日実施分：理工・農・産業理工学部
  　　　　　　　2月13日実施分：情報・建築・薬・生物理工・工学部
  【2023年度】2月11日実施分：理工・農・産業理工学部
  　　　　　　　2月13日実施分：情報・建築・薬・生物理工・工学部
  【2022年度】2月12日実施分：理工・農・産業理工学部
  　　　　　　　2月13日実施分：情報・建築・薬・生物理工・工学部

近畿大学の一般入試は
試験日が異なっても出題傾向に大きな差はないから
過去問をたくさん解いて傾向を知ることが合格への近道

　近畿大学の一般入試（医学部を除く）は，例年，学部・日程・試験日が異なっても出題形式・問題傾向に大きな差はみられないことから，過去問演習が特に重要です。

　受験する日程にかかわらず多くの過去問にあたり，苦手科目を克服し，得意科目を大きく伸ばすことが，近畿大学の合格への近道と言えます。

近畿大学（医学部を除く）
「一般入試」の赤本ラインナップ

総合版　　まずはこれで全体を把握！

✓ 『近畿大学・近畿大学短期大学部（医学部を除く
　　─一般入試前期）』
✓ 『近畿大学・近畿大学短期大学部（一般入試後期）』

科目別版　　苦手科目を集中的に対策！（総合版との重複なし）

✓ 『近畿大学（英語〈医学部を除く3日程×3カ年〉）』
✓ 『近畿大学（理系数学〈医学部を除く3日程×3カ年〉）』
✓ 『近畿大学（国語〈医学部を除く3日程×3カ年〉）』

数　学

年度	区分	番号	項　目	内　容
2024 ●	A日程1月28日	Ⅰ・Ⅱ・Ⅲ・A・B 〔1〕	図形と方程式	2円の周上を動く2点を結ぶ線分の長さ・通過領域の面積・傾き
		〔2〕	整数の性質	ガウス記号で表された数列の一般項と和の性質，倍数となる条件
		〔3〕	微・積分法	関数の最大値，グラフと接線で囲まれた図形の面積
		Ⅰ・Ⅱ・A・B 〔1〕	〈数学Ⅰ・Ⅱ・Ⅲ・A・B〉〔1〕に同じ	
		〔2〕	〈数学Ⅰ・Ⅱ・Ⅲ・A・B〉〔2〕に同じ	
		〔3〕	指数・対数関数	対数方程式・不等式，対数関数の最小値と x の桁数・最高位
	B日程2月11日	Ⅰ・Ⅱ・Ⅲ・A・B 〔1〕	図形と計量	円に内接する四角形の対角線の長さ，面積の最大値
		〔2〕	確　率	正十二角形の頂点を始点や終点とするベクトルにおける確率
		〔3〕	微・積分法	曲線の媒介変数表示と曲線の長さを求める部分積分法
		Ⅰ・Ⅱ・A・B 〔1〕	〈数学Ⅰ・Ⅱ・Ⅲ・A・B〉〔1〕に同じ	
		〔2〕	〈数学Ⅰ・Ⅱ・Ⅲ・A・B〉〔2〕に同じ	
		〔3〕	微・積分法	2つの放物線で囲まれた領域の面積，接線の傾きと y 切片
	B日程2月13日	Ⅰ・Ⅱ・A・B 〔1〕	小問4問	(1)数列の和　(2)線分の内分点と比　(3)2次方程式の解と係数の関係　(4)不等式をみたす整数の組
		〔2〕	微・積分法	放物線と x 軸または2つの放物線で囲まれた部分の面積
		〔3〕	図形と計量	三角形の三辺の長さと面積，内接円・外接円の半径

2023 ●	A日程 1月29日	I・II・III・A・B	〔1〕	確　　率	袋から赤玉と白玉を取り出すときの確率，条件付き確率
			〔2〕	微・積分法	絶対値を含む式の定積分で得られる関数の最大値
			〔3〕	式 と 曲 線	楕円の接線，楕円上に頂点をもつ三角形の面積，準円の接線
		I・II・A・B	〔1〕	〈数学 I・II・III・A・B〉〔1〕に同じ	
			〔2〕	〈数学 I・II・III・A・B〉〔2〕に同じ	
			〔3〕	微・積分法	2つの放物線で囲まれた領域の面積と1次式の最大値・最小値
	B日程 2月11日	I・II・III・A・B	〔1〕	数　　列	第 n 項までの和から求める一般項と不等式をみたす最小の n
			〔2〕	ベ ク ト ル	平面図形におけるベクトルの式と辺の長さの比
			〔3〕	微・積分法	曲線の接線と直交する直線で囲まれた図形の面積，回転体の体積
		I・II・A・B	〔1〕	〈数学 I・II・III・A・B〉〔1〕に同じ	
			〔2〕	〈数学 I・II・III・A・B〉〔2〕に同じ	
			〔3〕	微・積分法	定積分で表された2次関数，放物線と接線で囲まれた図形の面積
	B日程 2月13日	I・II・A・B	〔1〕	小 問 4 問	(1)数と式　(2)和や積が偶数となる確率　(3)対数不等式　(4)ベクトル
			〔2〕	数　　列	群数列の各群に入る数とすべての数の和の一の位の数
			〔3〕	2 次 関 数	放物線の頂点の軌跡，2次不等式がみたす範囲内の整数
2022 ●	A日程 1月30日	I・II・III・A・B	〔1〕	確　　率	さいころの目と三角関数の値の確率
			〔2〕	ベ ク ト ル	重心・内心・外心・垂心・傍心のベクトル
			〔3〕	微・積分法	絶対値を含む関数のグラフと x 軸で囲まれた部分の面積
		I・II・A・B	〔1〕	〈数学 I・II・III・A・B〉〔1〕に同じ	
			〔2〕	〈数学 I・II・III・A・B〉〔2〕に同じ	
			〔3〕	微・積分法	3次関数と直線で囲まれた部分の面積
	B日程 2月12日	I・II・III・A・B	〔1〕	小 問 4 問	(1)必要条件と十分条件　(2)指数関数を含む方程式の解　(3)剰余の定理　(4)整式の割り算
			〔2〕	2 次 関 数	絶対値を含む関数の最小値
			〔3〕	微・積分法	曲線と接線で囲まれた部分の面積
		I・II・A・B	〔1〕	〈数学 I・II・III・A・B〉〔1〕に同じ	
			〔2〕	〈数学 I・II・III・A・B〉〔2〕に同じ	
			〔3〕	微・積分法	2曲線で囲まれた部分の面積
	B日程 2月13日	I・II・A・B	〔1〕	小 問 4 問	(1)循環小数　(2)条件付き確率　(3)空間内の直線と原点との距離　(4)三角関数を含む関数の最大値
			〔2〕	図形と方程式，積 分 法	円と放物線が接する条件，線分が通過する部分の面積
			〔3〕	整数の性質	整数の割り算と余り，互除法

（注）　●印は全問，◖印は一部マーク方式採用であることを表す。

出題範囲の変更

2025年度入試より，数学は新教育課程での実施となります。詳細については，大学から発表される募集要項等で必ずご確認ください（以下は本書編集時点の情報）。

	2024年度（旧教育課程）	2025年度（新教育課程）
数学①	数学Ⅰ・Ⅱ・A・B（数列，ベクトル）	数学Ⅰ・Ⅱ・A・B（数列）・C（ベクトル）
数学②	数学Ⅰ・Ⅱ・Ⅲ・A・B（数列，ベクトル）	数学Ⅰ・Ⅱ・Ⅲ・A・B（数列）・C（ベクトル，平面上の曲線と複素数平面）

出題範囲から幅広く出題
基本・標準問題の確実な理解を

01 出題形式は？

近畿大学の理系数学には，数学①と数学②の2種類がある。数学②は「数学Ⅲ」を出題範囲に含む。それぞれの対象学部は以下の通り。

	種類	対象学部
一般前期A	①または②	理工（理〈化学〉・生命科）・建築・薬・農・生物理工・工・産業理工
	②	情報（英・数・理型）・理工（理〈化学〉・生命科を除く）
一般前期B	①	情報（英・数・理型）・建築・薬・生物理工・工
	①または②	理工（理〈化学〉・生命科）・農・産業理工
	②	理工（理〈化学〉・生命科を除く）

いずれも大問3題，すべて空所補充形式のマーク方式である。例年，〔1〕〔2〕は数学①と数学②で共通となっている。試験時間は60分。

02 出題内容はどうか？

いずれの日程も，出題範囲からバランスよく出題されている。計算力が求められている問題も多い。

●**数学①**（「数学Ⅲ」を含まない）

例年幅広い分野から出題されているが，微・積分法，確率，ベクトル，

数列などが比較的よく出題されている。また，図形と方程式からの出題や，複数の分野からの融合問題も出題されているので，あらゆる分野をまんべんなく学習しておくことが求められている。

●**数学②**（「数学Ⅲ」を含む）

出題される分野は，上記数学①の他に，「数学Ⅲ」から微・積分法が頻出である。また，2023 年度には式と曲線からの出題もみられたので，幅広く学習しておくことが望ましい。

03 難易度は？

基本的な計算問題から，思考力が問われる問題まで様々なレベルの出題がみられる。基本・標準問題を確実に解けるようにしておくことが大切である。

対　策

01 面積の問題は確実に

面積に関する問題が頻出である。確実に得点に結びつけるようにしなければならない。中には計算量の多いものもある。分数計算の練習をしておき，つねに工夫して計算量を減らすことを考えよう。後から検算できるように，計算過程を整理して書いておこう。

02 整数問題には注意

2022・2024 年度には整数問題の出題がみられた。整数を整数で割ったときの余りや整数の積の何桁目かの数字を答えさせるものであり，多くの受験生が苦手とする分野である。また，2023 年度では単独の出題はなかったが，数列の問題を解くのに整数の性質の知識が役立つものがみられた。素数の性質，最大公約数，最小公倍数，商と余り，ユークリッドの互除法などの知識を整理しておこう。余力があれば合同式も勉強しておくと，見

通しが立てやすくなる。

03 過去問は時間を計って

　過去問に取り組むことは大切である。その際，必ず時間を計って解くようにしよう。試験時間内で最高の得点をとるためには，「まずどの問題を解くか」「何分考えてわからなければ次の問題にいくか」「時間が余れば解いた問題を見直すか，解けていない問題に当たるか」など，時間の使い方を体得することがポイントとなる。なるべく多くの過去問を解いて感覚をつかんでおきたい。

2024 年度

問題と解答

1月28日実施分　　問　題

注　　意

　問題の文中の $\boxed{\quad ア \quad}$ ， $\boxed{\quad イウ \quad}$ などの $\boxed{\qquad}$ には，特に指示のないかぎり，数値または符号（ − ）が入る。これらを次の方法で解答用紙の指定欄にマークせよ。

(1) ア，イ，ウ，…の一つ一つは，それぞれ 0 から 9 までの数字，または − の符号のいずれか一つに対応する。それらをア，イ，ウ，…で示された解答欄にマークする。

〔例〕 $\boxed{\quad アイ \quad}$ に − 8 と答えたいとき

ア	● ⓪ ① ② ③ ④ ⑤ ⑥ ⑦ ⑧ ⑨
イ	⊖ ⓪ ① ② ③ ④ ⑤ ⑥ ⑦ ● ⑨

(2) 分数形が解答で求められているときは，既約分数（それ以上約分できない分数）で答える。符号は分子につけ，分母につけてはならない。

〔例〕 $\dfrac{\boxed{\ ウエ\ }}{\boxed{\ オ\ }}$ に $-\dfrac{4}{5}$ と答えたいとき

ウ	● ⓪ ① ② ③ ④ ⑤ ⑥ ⑦ ⑧ ⑨
エ	⊖ ⓪ ① ② ③ ④ ● ⑥ ⑦ ⑧ ⑨
オ	⊖ ⓪ ① ② ③ ④ ● ⑥ ⑦ ⑧ ⑨

(3) 根号を含む形で解答する場合は，根号の中に現れる自然数が最小となる形で答える。例えば， $\boxed{\ カ\ }\sqrt{\boxed{\ キ\ }}$ に $4\sqrt{2}$ と答えるところを，$2\sqrt{8}$ のように答えてはならない。

(4) 分数形で根号を含む形で解答する場合，$\dfrac{\boxed{\ ク\ } + \boxed{\ ケ\ }\sqrt{\boxed{\ コ\ }}}{\boxed{\ サ\ }}$ に

$\dfrac{3 + 2\sqrt{2}}{2}$ と答えるところを，$\dfrac{6 + 4\sqrt{2}}{4}$ や $\dfrac{6 + 2\sqrt{8}}{4}$ のように答えてはならない。

◀数学 I・II・III・A・B▶

(60分)

I 座標平面において，原点 O を中心とする半径 1 の円周上を動く点 P と，点 A $(4\sqrt{3}, 4)$ を中心とする半径 5 の円周上を動く点 Q がある。

(1) OA = $\boxed{\text{ア}}$ である。また，直線 OA と x 軸のなす角 α は $\dfrac{\boxed{\text{イ}}}{\boxed{\text{ウ}}}\pi$ である。ただし，$0 < \alpha < \dfrac{\pi}{2}$ とする。

(2) P, Q の y 座標をそれぞれ p, q とする。$q - p$ のとりうる値の範囲は

$$\boxed{\text{エオ}} \leqq q - p \leqq \boxed{\text{カキ}}$$

である。

(3) 線分 PQ の長さのとりうる値の範囲は

$$\boxed{\text{ク}} \leqq \text{PQ} \leqq \boxed{\text{ケコ}}$$

である。

(4) 線分 PQ が通りうる領域を D とする。D の面積は

$$\boxed{\text{サシ}} \sqrt{\boxed{\text{ス}}} + \boxed{\text{セソ}} \pi$$

である。

(5) 2つのベクトル $\overrightarrow{\text{OA}}$ と $\overrightarrow{\text{PQ}}$ のなす角を β とする。ただし，$0 \leqq \beta \leqq \pi$ とする。$\tan\beta$ のとりうる値の範囲は

$$\boxed{\text{タ}} \leqq \tan\beta \leqq \dfrac{\boxed{\text{チ}}\sqrt{\boxed{\text{ツ}}}}{\boxed{\text{テ}}}$$

である。

(6) 直線 PQ の傾きを m とする。m の最大値は

$$\dfrac{\boxed{\text{ト}}\sqrt{\boxed{\text{ナ}}}}{\boxed{\text{ニ}}} + \sqrt{\boxed{\text{ヌ}}}$$

である。

II 一般項が次の式で表される数列 $\{a_n\}$ を考える。

$$a_n = \left[\sqrt{n}\right] \qquad (n = 1,\,2,\,3,\,\cdots\cdots)$$

ただし，実数 x に対して，$[x]$ は x を超えない最大の整数を表す。

(1) $a_{10} = \boxed{\text{ア}}$ ，$a_{100} = \boxed{\text{イウ}}$ ，$a_{2024} = \boxed{\text{エオ}}$ である。

(2) 自然数 n に対して，$S_n = \displaystyle\sum_{k=1}^{n} a_k$ とおく。

　(i) $S_{10} = \boxed{\text{カキ}}$ ，$S_{100} = \boxed{\text{クケコ}}$ である。

　(ii) S_{2024} の最大の素因数は $\boxed{\text{サシス}}$ である。

　(iii) $S_n > 2024$ を満たす最小の自然数 n は $\boxed{\text{セソタ}}$ である。

(3) 数列 $\{b_n\}$ を次の規則 1，規則 2 で定める。

　　　規則 1： $\dfrac{n}{a_n} = \left[\dfrac{n}{a_n}\right]$ となる自然数 n に対して，$b_n = \dfrac{n}{a_n}$ とおく。

　　　規則 2： $\dfrac{n}{a_n} \neq \left[\dfrac{n}{a_n}\right]$ となる自然数 n に対して，$b_n = 0$ とおく。

　(i) $b_{10} = \boxed{\text{チ}}$ ，$b_{100} = \boxed{\text{ツテ}}$ である。

　(ii) $1 \leqq n \leqq 100$ において，$b_n > 0$ を満たす自然数 n の個数は $\boxed{\text{トナ}}$ である。

　(iii) $\displaystyle\sum_{k=1}^{100} b_k = \boxed{\text{ニヌネ}}$ である。

III　$x > 0$ において，関数

$$f(x) = -2x^2 \log \frac{x}{2}$$

を考える。ただし，対数は自然対数とし，e を自然対数の底とする。原点を O とする座標平面において，関数 $y = f(x)$ のグラフを C とし，C と x 軸の共有点を A とする。A における C の接線を ℓ とし，O を通る C の接線を m とする。m と C の接点を B とする。また，必要ならば等式

$$\lim_{x \to +0} f(x) = 0$$

が成り立つことを用いてよい。

(1)　A の x 座標は $\boxed{\text{ア}}$ であり，ℓ の方程式は $y = \boxed{\text{イウ}}\,x + \boxed{\text{エ}}$ である。

(2)　$f(x)$ の最大値は $\boxed{\text{オ}}\,e^{\boxed{\text{カキ}}}$ である。また，$f(x)$ が最大となる x の値は $\boxed{\text{ク}}\,e^{\frac{\boxed{\text{ケコ}}}{\boxed{\text{サ}}}}$ である。

(3)　B の x 座標は $\boxed{\text{シ}}\,e^{\boxed{\text{スセ}}}$ である。また，△OAB を x 軸の周りに 1 回転させてできる立体の体積は $\dfrac{\boxed{\text{ソタチ}}}{\boxed{\text{ツ}}}\,\pi e^{\boxed{\text{テト}}}$ である。

(4)　C, ℓ および直線 $x = t$ (ただし，$0 < t < 1$) で囲まれた部分の面積を $S(t)$ とすると

$$\lim_{t \to +0} S(t) = \frac{\boxed{\text{ナニ}}}{\boxed{\text{ヌ}}}$$

である。

◀数学 I・II・A・B▶

(60 分)

I 座標平面において，原点 O を中心とする半径 1 の円周上を動く点 P と，点 A $\left(4\sqrt{3}, 4\right)$ を中心とする半径 5 の円周上を動く点 Q がある。

(1) OA = $\boxed{\text{ア}}$ である。また，直線 OA と x 軸のなす角 α は $\dfrac{\boxed{\text{イ}}}{\boxed{\text{ウ}}}\pi$ である。ただし，$0 < \alpha < \dfrac{\pi}{2}$ とする。

(2) P, Q の y 座標をそれぞれ p, q とする。$q - p$ のとりうる値の範囲は

$$\boxed{\text{エオ}} \leqq q - p \leqq \boxed{\text{カキ}}$$

である。

(3) 線分 PQ の長さのとりうる値の範囲は

$$\boxed{\text{ク}} \leqq PQ \leqq \boxed{\text{ケコ}}$$

である。

(4) 線分 PQ が通りうる領域を D とする。D の面積は

$$\boxed{\text{サシ}}\sqrt{\boxed{\text{ス}}} + \boxed{\text{セソ}}\pi$$

である。

(5) 2 つのベクトル $\overrightarrow{OA}$ と $\overrightarrow{PQ}$ のなす角を β とする。ただし，$0 \leqq \beta \leqq \pi$ とする。$\tan\beta$ のとりうる値の範囲は

$$\boxed{\text{タ}} \leqq \tan\beta \leqq \dfrac{\boxed{\text{チ}}\sqrt{\boxed{\text{ツ}}}}{\boxed{\text{テ}}}$$

である。

(6) 直線 PQ の傾きを m とする。m の最大値は

$$\dfrac{\boxed{\text{ト}}\sqrt{\boxed{\text{ナ}}}}{\boxed{\text{ニ}}}+\sqrt{\boxed{\text{ヌ}}}$$

である。

II　一般項が次の式で表される数列 $\{a_n\}$ を考える。

$$a_n = \left[\sqrt{n}\right] \qquad (n = 1, 2, 3, \cdots\cdots)$$

ただし，実数 x に対して，$[x]$ は x を超えない最大の整数を表す。

(1)　$a_{10} = \boxed{\ \text{ア}\ }$，$a_{100} = \boxed{\ \text{イウ}\ }$，$a_{2024} = \boxed{\ \text{エオ}\ }$ である。

(2)　自然数 n に対して，$S_n = \displaystyle\sum_{k=1}^{n} a_k$ とおく。

(i)　$S_{10} = \boxed{\ \text{カキ}\ }$，$S_{100} = \boxed{\ \text{クケコ}\ }$ である。

(ii)　S_{2024} の最大の素因数は $\boxed{\ \text{サシス}\ }$ である。

(iii)　$S_n > 2024$ を満たす最小の自然数 n は $\boxed{\ \text{セソタ}\ }$ である。

(3)　数列 $\{b_n\}$ を次の規則1，規則2で定める。

規則1：$\dfrac{n}{a_n} = \left[\dfrac{n}{a_n}\right]$ となる自然数 n に対して，$b_n = \dfrac{n}{a_n}$ とおく。

規則2：$\dfrac{n}{a_n} \neq \left[\dfrac{n}{a_n}\right]$ となる自然数 n に対して，$b_n = 0$ とおく。

(i)　$b_{10} = \boxed{\ \text{チ}\ }$，$b_{100} = \boxed{\ \text{ツテ}\ }$ である。

(ii)　$1 \leqq n \leqq 100$ において，$b_n > 0$ を満たす自然数 n の個数は $\boxed{\ \text{トナ}\ }$ である。

(iii)　$\displaystyle\sum_{k=1}^{100} b_k = \boxed{\ \text{ニヌネ}\ }$ である。

III (1) $\log_{16} 1024 = \dfrac{\boxed{\text{ア}}}{\boxed{\text{イ}}}$ である。

(2) 方程式 $\log_{16} x = -\dfrac{1}{4}$ の解は $x = \dfrac{\boxed{\text{ウ}}}{\boxed{\text{エ}}}$ である。

(3) 関数

$$f(x) = (\log_{16} x)^2 - \log_{16} x^4 - 3$$

の最小値は $\boxed{\text{オカ}}$ である。また, $f(x)$ が最小となる x の値は $x = \boxed{\text{キクケ}}$ である。

(4) 不等式

$$1 + 2\log_{16}(9 - x) < \dfrac{1}{2} + \dfrac{1}{\log_{10} 4} + \log_{\frac{1}{4}}\left(\dfrac{1}{2}x + 1\right)$$

を満たす実数 x のとりうる値の範囲は

$$\boxed{\text{コサ}} < x < \boxed{\text{シス}}, \quad \boxed{\text{セ}} < x < \boxed{\text{ソ}}$$

である。

(5) $x > 1$ とする。関数

$$g(x) = \log_{16} x + 10\log_x 1024 + \dfrac{1}{2}\log_{\frac{1}{4}}\sqrt{x}$$

の最小値は $\boxed{\text{タ}}\sqrt{\boxed{\text{チ}}}$ である。また, $g(x)$ が最小となる x の値の整数部分を N とする。N の桁数は $\boxed{\text{ツ}}$ であり, N の最高位の数字は $\boxed{\text{テ}}$ である。ただし, $\log_{10} 2 = 0.3010$, $\log_{10} 3 = 0.4771$, $\log_{10} 7 = 0.8451$ とする。

1月28日実施分   解 答

◀数学 I・II・III・A・B▶

Ⅰ 解答

(1) ア. 8　イ. 1　ウ. 6
(2) エオ. -2　カキ. 10
(3) ク. 2　ケコ. 14
(4) サシ. 24　ス. 3　セソ. 17
(5) タ. 0　チ. 3　ツ. 7　テ. 7
(6) ト. 4　ナ. 3　ニ. 3　ヌ. 7

══════ 解 説 ══════

《2円の周上を動く2点を結ぶ線分の長さ・通過領域の面積・傾き》

(1)　$OA = \sqrt{(4\sqrt{3})^2 + 4^2} = 4\sqrt{3+1} = 8$　（→ア）

また，$\tan\alpha = \dfrac{4}{4\sqrt{3}} = \dfrac{1}{\sqrt{3}}$ であるから　$\alpha = \dfrac{1}{6}\pi$　（→イ，ウ）

(2)　右図より，$-1 \leqq q \leqq 9$，$-1 \leqq p \leqq 1$ であるから

$$-2 \leqq q - p \leqq 10 \quad （→エ～キ）$$

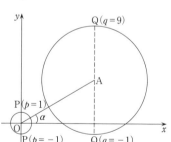

(3)　線分 PQ の長さが最大となるのは図1のときで，その長さは

$$8 + (1+5) = 14$$

また，最小となるのは図2のときで，その長さは

$$8 - (1+5) = 2$$

ゆえに，PQ の長さのとりうる値の範囲は

$$2 \leqq PQ \leqq 14 \quad （→ク～コ）$$

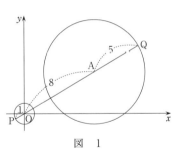

図　1

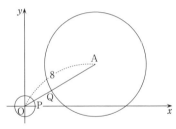

図　2

(4) 線分 PQ が通りうる領域 D は，2
円と共通接線で囲まれた右図の網かけ部
分である。

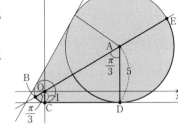

これは直線 OA に関して対称な図形
であり，図のように点B，C，D，Eを
とると

$$\angle \text{BOC} = \frac{\pi}{3}, \quad \angle \text{EAD} = \frac{2}{3}\pi$$

$\text{OC} = 1$，$\text{AD} = 5$，$\text{CD} = 4\sqrt{3}$ だから，D の面積は

$$2\{(\text{扇形 OBC}) + (\text{台形 OCDA}) + (\text{扇形 ADE})\}$$

$$= 2\left\{\frac{1}{2} \cdot 1^2 \cdot \frac{\pi}{3} + \frac{1}{2}(1+5) \cdot 4\sqrt{3} + \frac{1}{2} \cdot 5^2 \cdot \frac{2}{3}\pi\right\}$$

$$= 24\sqrt{3} + 17\pi \quad (\rightarrow \text{サ} \sim \text{ソ})$$

(5) P，Q がともに直線 OA 上にある
とき，$\beta = 0$ となる。

β が最大となるのは右図のように PQ
が共通内接線となるときで，このときの
PQ と OA の交点を R とすると

$$\triangle \text{OPR} \backsim \triangle \text{AQR}$$

相似比は $\text{OP} : \text{AQ} = 1 : 5$ だから

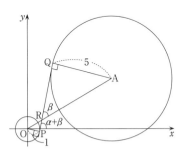

$$\text{OR} = \frac{1}{6} \times 8 = \frac{4}{3}$$

$$\text{PR} = \sqrt{\text{OR}^2 - \text{OP}^2} = \sqrt{\frac{16}{9} - 1} = \frac{\sqrt{7}}{3}$$

$$\tan\beta = \frac{\text{OP}}{\text{PR}} = \frac{3}{\sqrt{7}} = \frac{3\sqrt{7}}{7}$$

ゆえに，$\tan\beta$ のとりうる値の範囲は

$$0\leqq\tan\beta\leqq\frac{3\sqrt{7}}{7}\quad(\to\text{タ}\sim\text{テ})$$

(6)　m が最大となるのは $\tan\beta=\dfrac{3\sqrt{7}}{7}$ のときだから

$$m=\tan(\alpha+\beta)=\frac{\tan\alpha+\tan\beta}{1-\tan\alpha\tan\beta}$$

$$=\frac{\dfrac{1}{\sqrt{3}}+\dfrac{3}{\sqrt{7}}}{1-\dfrac{1}{\sqrt{3}}\cdot\dfrac{3}{\sqrt{7}}}=\frac{\sqrt{7}+3\sqrt{3}}{\sqrt{21}-3}$$

$$=\frac{(\sqrt{7}+3\sqrt{3})(\sqrt{21}+3)}{21-9}=\frac{4\sqrt{3}}{3}+\sqrt{7}\quad(\to\text{ト}\sim\text{ヌ})$$

　解　答　(1)　**ア．** 3　**イウ．** 10　**エオ．** 44

(2)(i)　**カキ．** 19　**クケコ．** 625

(ii)　**サシス．** 181　(iii)　**セソタ．** 217

(3)(i)　**チ．** 0　**ツテ．** 10　(ii)　**トナ．** 28　(iii)　**ニヌネ．** 172

━━━━━━━━━━━━━ 解　説 ━━━━━━━━━━━━━

《ガウス記号で表された数列の一般項と和の性質，倍数となる条件》

(1)　$a_{10}=[\sqrt{10}]=3\quad(\to\text{ア})\quad(\because\ 3=\sqrt{9}<\sqrt{10}<\sqrt{16}=4)$

$a_{100}=[\sqrt{100}]=[10]=10\quad(\to\text{イウ})$

$a_{2024}=[\sqrt{2024}]=44\quad(\to\text{エオ})$

$\quad(\because\ 44=\sqrt{1936}<\sqrt{2024}<\sqrt{2025}=45)$

(2)　$[\sqrt{n}]=k$ とおくと，$k\leqq\sqrt{n}<k+1$ より

$$k^2\leqq n<(k+1)^2=k^2+2k+1$$

$\therefore\ k^2\leqq n\leqq k^2+2k$

よって，このとき n は

$$k^2+2k-k^2+1=2k+1\text{ 個}$$

(i)　$S_{10}=1+1+1+2+2+2+2+2+3+3$

$\qquad=1\times3+2\times5+3\times2=19\quad(\to\text{カキ})$

また

$$S_{100}=1\times3+2\times5+3\times7+\cdots+9\times19+10$$

$$= \sum_{k=1}^{9} k\,(2k+1) + 10 = \sum_{k=1}^{9} (2k^2 + k) + 10$$

$$= 2 \cdot \frac{1}{6} \cdot 9 \cdot 10 \cdot 19 + \frac{1}{2} \cdot 9 \cdot 10 + 10$$

$$= \frac{1}{6} \cdot 9 \cdot 10 \cdot (38 + 3) + 10 = 625 \quad (\rightarrow クケコ)$$

(ii) $2024 = 45^2 - 1$ より

$$S_{2024} = \sum_{k=1}^{44} k\,(2k+1)$$

$$= 2 \cdot \frac{1}{6} \cdot 44 \cdot 45 \cdot 89 + \frac{1}{2} \cdot 44 \cdot 45$$

$$= 22 \cdot 15 \cdot (2 \cdot 89 + 3) = 2 \cdot 3 \cdot 5 \cdot 11 \cdot 181$$

よって，最大の素因数は　　181　（→サシス）

(iii) $n = m^2 - 1$ （m は 2 以上の自然数）のとき

$$S_n = \sum_{k=1}^{m-1} k\,(2k+1)$$

$$= 2 \cdot \frac{1}{6} m\,(m-1)\,(2m-1) + \frac{1}{2} m\,(m-1)$$

$$= \frac{1}{6} m\,(m-1)\,(4m+1)$$

$m = 14$ のとき　　$S_{195} = 1729 < 2024$

$m = 15$ のとき　　$S_{224} = 2135 > 2024$

また，$S_{195} + 14 \times 21 = 2023 < 2024$ であり，$S_{195} + 14 \times 22 = 2037 > 2024$ であるから，$S_n > 2024$ をみたす最小の自然数 n は

$$195 + 22 = 217 \quad (\rightarrow セソタ)$$

(3)(i) $b_n = \dfrac{n}{a_n}$ となるのは，$\dfrac{n}{a_n}$ が整数のときである。

$\dfrac{10}{a_{10}} = \dfrac{10}{3}$ は整数でないから　　$b_{10} = 0$　（→チ）

$\dfrac{100}{a_{100}} = \dfrac{100}{10} = 10$ は整数だから　　$b_{100} = 10$　（→ツテ）

(ii) n が a_n の倍数であれば $b_n > 0$ となるから，条件をみたす n の個数は，$a_n = k$ （$1 \leqq k \leqq 9$）のとき，$k^2 \leqq n \leqq k^2 + 2k$ のうち，$n = k^2,\ k^2 + k,\ k^2 + 2k$ の 3 個あり，そのとき $b_n = \dfrac{n}{a_n} = k,\ k+1,\ k+2$ となる。

また，$a_n = 10$ のとき，$n = 100$ の 1 個のみであり，$b_{100} = 10$ である。

ゆえに，$b_n > 0$ をみたす 100 以下の自然数 n の個数は

$$3 \times 9 + 1 = 28 \quad (\rightarrow トナ)$$

(iii)　求める和は $b_n = 0$ となる場合を除いて

$$\sum_{k=1}^{9}(k + k + 1 + k + 2) + 10 = 3 \cdot \frac{9(2 + 10)}{2} + 10$$

$$= 172 \quad (\rightarrow ニヌネ)$$

　　解　答

(1)　ア．2　イウ．−4　エ．8

(2)　オ．4　カキ．−1　ク．2　ケコ．−1　サ．2

(3)　シ．2　スセ．−1　ソタチ．128　ツ．3　テト．−4

(4)　ナニ．56　ヌ．9

解　説

《関数の最大値，グラフと接線で囲まれた図形の面積》

(1)　$x > 0$ において，$f(x) = -2x^2\log\dfrac{x}{2} = 0$ より

$$\log\frac{x}{2} = 0 \quad \therefore \quad \frac{x}{2} = 1$$

よって　　$x = 2 \quad (\rightarrow ア)$

また，

$$f'(x) = -4x\log\frac{x}{2} - 2x^2 \cdot \frac{1}{x} = -2x\left(2\log\frac{x}{2} + 1\right) \text{ より，}$$

$f'(2) = -4$ となるから，l の方程式は

$$y = -4(x - 2)$$

$$\therefore \quad y = -4x + 8 \quad (\rightarrow イ \sim エ)$$

(2)　$f'(x) = 0$ のとき，$2\log\dfrac{x}{2} + 1 = 0$ より　　$x = \dfrac{2}{\sqrt{e}}$

よって，$f(x)$ の増減表は右のように
から，求める最大値は　　$4e^{-1} \quad (\rightarrow オ \sim キ)$

また，$f(x)$ が最大となる x の値は

$2e^{\frac{-1}{2}} \quad (\rightarrow ク \sim サ)$

x	(0)	$\cdots$	$\dfrac{2}{\sqrt{e}}$	$\cdots$
$f'(x)$		$+$	0	$-$
$f(x)$		$\nearrow$	$\dfrac{4}{e}$	$\searrow$

(3) 接点 B の x 座標を b（>0）とすると，接線 m の方程式は

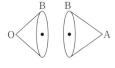

$$y = -2b\left(2\log\frac{b}{2}+1\right)(x-b) - 2b^2\log\frac{b}{2}$$

$$= -2b\left(2\log\frac{b}{2}+1\right)x + 2b^2\left(\log\frac{b}{2}+1\right)$$

原点 O を通るから　　$2b^2\left(\log\frac{b}{2}+1\right)=0$

$b>0$ より　　$\log\frac{b}{2}+1=0$

よって，$\log\frac{b}{2}=-1$ より　　$\frac{b}{2}=e^{-1}$

$\therefore\quad b=2e^{-1}$　（→シ〜セ）

また，点 B の y 座標は $\dfrac{8}{e^2}$ だから，$\triangle$OAB を x 軸の周りに 1 回転させてできる立体を 2 つの円錐に分けると，その体積は

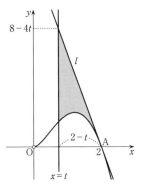

$$\frac{\pi}{3}\cdot\left(\frac{8}{e^2}\right)^2\cdot\frac{2}{e} + \frac{\pi}{3}\cdot\left(\frac{8}{e^2}\right)^2\cdot\left(2-\frac{2}{e}\right) = \frac{128}{3}\pi e^{-4}\quad（→ソ〜ト）$$

(4) 直線 $x=t$ と接線 l の交点の y 座標は $8-4t$ であり，題意の図形は右図の網かけ部分となるから，その面積は

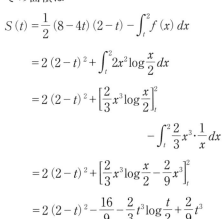

$$S(t) = \frac{1}{2}(8-4t)(2-t) - \int_t^2 f(x)\,dx$$

$$= 2(2-t)^2 + \int_t^2 2x^2\log\frac{x}{2}\,dx$$

$$= 2(2-t)^2 + \left[\frac{2}{3}x^3\log\frac{x}{2}\right]_t^2$$

$$\qquad\qquad -\int_t^2 \frac{2}{3}x^3\cdot\frac{1}{x}\,dx$$

$$= 2(2-t)^2 + \left[\frac{2}{3}x^3\log\frac{x}{2} - \frac{2}{9}x^3\right]_t^2$$

$$= 2(2-t)^2 - \frac{16}{9} - \frac{2}{3}t^3\log\frac{t}{2} + \frac{2}{9}t^3$$

2024年度

1月28日

解答編

$$= 2(2-t)^2 - \frac{16}{9} + \frac{t}{3}f(t) + \frac{2}{9}t^3$$

ここで，$\lim_{t \to +0} f(t) = 0$ であるから

$$\lim_{t \to +0} S(t) = 2^3 - \frac{16}{9} = \frac{56}{9} \quad (\to ナ \sim ヌ)$$

◀数学Ⅰ・Ⅱ・Ａ・Ｂ▶

Ⅰ ◀数学Ⅰ・Ⅱ・Ⅲ・Ａ・Ｂ▶Ⅰに同じ。

Ⅱ ◀数学Ⅰ・Ⅱ・Ⅲ・Ａ・Ｂ▶Ⅱに同じ。

Ⅲ 　(1) **ア**. 5 **イ**. 2
　　　(2) **ウ**. 1 **エ**. 2

(3) **オカ**. -7 **キクケ**. 256

(4) **コサ**. -2 **シス**. -1 **セ**. 8 **ソ**. 9

(5) **タ**. 5 **チ**. 2 **ツ**. 9 **テ**. 3

=== **解 説** ===

《対数方程式・不等式，対数関数の最小値と x の桁数・最高位》

(1) 　　$\log_{16}1024 = \dfrac{\log_2 1024}{\log_2 16} = \dfrac{10}{4} = \dfrac{5}{2}$ 　（→ア，イ）

(2) 　$\log_{16}x = -\dfrac{1}{4}$ より

　　　$x = 16^{-\frac{1}{4}} = (2^4)^{-\frac{1}{4}} = 2^{-1} = \dfrac{1}{2}$ 　（→ウ，エ）

(3) 　　$f(x) = (\log_{16}x)^2 - \log_{16}x^4 - 3$

　　　　　$= (\log_{16}x)^2 - 4\log_{16}x - 3$

　　$\log_{16}x = t$ とおくと

　　　$f(x) = t^2 - 4t - 3 = (t-2)^2 - 7$

　　t はすべての実数より，$t=2$ のとき最小値　　-7 　（→オカ）

　　このとき，$t = \log_{16}x = 2$ より

　　　$x = 16^2 = 2^8 = 256$ 　（→キクケ）

(4) 　真数条件より

　　　$9 - x > 0$ 　かつ　$\dfrac{1}{2}x + 1 > 0$

$\therefore \quad -2 < x < 9 \quad \cdots\cdots (*)$

与式より

$$1 + 2 \cdot \frac{\log_4(9-x)}{\log_4 16} < \frac{1}{2} + \frac{\log_4 10}{\log_4 4} + \frac{\log_4\left(\frac{1}{2}x+1\right)}{\log_4 \frac{1}{4}}$$

$$\iff \frac{1}{2} + 2 \cdot \frac{\log_4(9-x)}{2} < \log_4 10 - \log_4\left(\frac{1}{2}x+1\right)$$

$$\iff \log_4 2 + \log_4(9-x) + \log_4\left(\frac{1}{2}x+1\right) < \log_4 10$$

$$\iff \log_4 2(9-x)\left(\frac{1}{2}x+1\right) < \log_4 10$$

底 $4 > 1$ より

$$2(9-x)\left(\frac{1}{2}x+1\right) < 10$$

$\therefore \quad x^2 - 7x - 8 > 0$

よって，$(x+1)(x-8) > 0$ より，$x < -1$，$8 < x$ となるから，$(*)$ との共通部分より

$$-2 < x < -1, \quad 8 < x < 9 \quad (\to \text{コ}\sim\text{ソ})$$

(5) $\quad g(x) = \dfrac{\log_2 x}{\log_2 16} + 10\dfrac{\log_2 1024}{\log_2 x} + \dfrac{1}{2}\dfrac{\log_2 \sqrt{x}}{\log_2 \frac{1}{4}}$

$\qquad\quad = \dfrac{\log_2 x}{4} + 10\dfrac{10}{\log_2 x} - \dfrac{1}{2}\cdot\dfrac{1}{2}\cdot\dfrac{1}{2}\log_2 x$

$\qquad\quad = \dfrac{\log_2 x}{8} + \dfrac{100}{\log_2 x}$

$x > 1$ より，$\dfrac{\log_2 x}{8} > 0$，$\dfrac{100}{\log_2 x} > 0$ であるから，(相加平均)≧(相乗平均) より

$$g(x) \geqq 2\sqrt{\frac{\log_2 x}{8}\cdot\frac{100}{\log_2 x}} = 5\sqrt{2}$$

等号成立は

$$\frac{\log_2 x}{8} = \frac{100}{\log_2 x} \iff (\log_2 x)^2 = 800$$

$\therefore \quad \log_2 x = 20\sqrt{2}$

ゆえに，$x = 2^{20\sqrt{2}}$ のとき，$g(x)$ の最小値は　　5√2　（→タ，チ）

またこのとき，$\log_{10} x = \log_{10} 2^{20\sqrt{2}} = 20\sqrt{2}\log_{10} 2$ となるから，

$1.41 < \sqrt{2} < 1.42$ より，$8.4882 < \log_{10} x < 8.5484$ である。

ゆえに，$10^8 < x < 10^9$ より，x の整数部分 N の桁数は　　9 桁　（→ツ）

また，$8 + \log_{10} 3 = 8.4771 < \log_{10} x < 8.6020 = 8 + \log_{10} 4$ より

$3 \cdot 10^8 < x < 4 \cdot 10^8$ となるから，N の最高位の数字は　　3　（→テ）

2月11日実施分 問 題

注 意

問題の文中の $\boxed{\ ア\ }$ ，$\boxed{\ イウ\ }$ などの $\boxed{}$ には，特に指示のないかぎり，数値または符号（－）が入る。これらを次の方法で解答用紙の指定欄にマークせよ。

(1) ア，イ，ウ，…の一つ一つは，それぞれ0から9までの数字，または－の符号のいずれか一つに対応する。それらをア，イ，ウ，…で示された解答欄にマークする。

〔例〕 $\boxed{\ アイ\ }$ に－8と答えたいとき

ア	● ⓪ ① ② ③ ④ ⑤ ⑥ ⑦ ⑧ ⑨
イ	⊖ ⓪ ① ② ③ ④ ⑤ ⑥ ⑦ ● ⑨

(2) 分数形が解答で求められているときは，既約分数（それ以上約分できない分数）で答える。符号は分子につけ，分母につけてはならない。

〔例〕 $\dfrac{\boxed{\ ウエ\ }}{\boxed{\ オ\ }}$ に $-\dfrac{4}{5}$ と答えたいとき

ウ	● ⓪ ① ② ③ ④ ⑤ ⑥ ⑦ ⑧ ⑨
エ	⊖ ⓪ ① ② ③ ● ⑤ ⑥ ⑦ ⑧ ⑨
オ	⊖ ⓪ ① ② ③ ④ ● ⑥ ⑦ ⑧ ⑨

(3) 根号を含む形で解答する場合は，根号の中に現れる自然数が最小となる形で答える。例えば，$\boxed{\ カ\ }\sqrt{\boxed{\ キ\ }}$ に $4\sqrt{2}$ と答えるところを，$2\sqrt{8}$ のように答えてはならない。

(4) 分数形で根号を含む形で解答する場合，$\dfrac{\boxed{\ ク\ }+\boxed{\ ケ\ }\sqrt{\boxed{\ コ\ }}}{\boxed{\ サ\ }}$ に

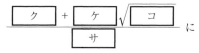

$\dfrac{3+2\sqrt{2}}{2}$ と答えるところを，$\dfrac{6+4\sqrt{2}}{4}$ や $\dfrac{6+2\sqrt{8}}{4}$ のように答えてはならない。

◀数学Ⅰ・Ⅱ・Ⅲ・A・B▶

(60分)

2
0
2
4
年
度

2
月
11
日

問
題
編

Ⅰ AB = 3, AC = 5, $\angle BAC = \dfrac{\pi}{3}$ である $\triangle ABC$ がある。また，$\triangle ABC$ の外接円の A を含まない弧 BC 上を動く点 D がある。ただし，D は 2 点 B, C のどちらとも異なる点とする。

(1) BC = $\sqrt{\boxed{アイ}}$ であり，$\triangle ABC$ の面積は $\dfrac{\boxed{ウエ}\sqrt{\boxed{オ}}}{\boxed{カ}}$ である。

(2) AD の最大値は $\dfrac{\boxed{キ}\sqrt{\boxed{クケ}}}{\boxed{コ}}$ である。

(3) 四角形 ABDC の面積の最大値は $\dfrac{\boxed{サシ}\sqrt{\boxed{ス}}}{\boxed{セ}}$ である。

(4) BD = 2 のとき，CD = $\boxed{ソ}$，AD = $\sqrt{\boxed{タチ}}$ である。このとき，2 つの線分 AD と BC の交点を E とすると，$\sin\angle AEC = \dfrac{\boxed{ツテ}\sqrt{\boxed{ト}}}{\boxed{ナニ}}$ である。ただし，$0 \leqq \angle AEC \leqq \pi$ とする。

II　　図のような O を中心とする半径 1 の円に内接する正十二角形と，この正十二角形の頂点を反時計回りに移動できる点 P がある。最初に図の頂点 X_0 にある P を，次の手順で移動させる。

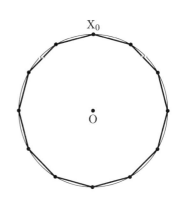

手順1：1 個のさいころを投げ，P を X_0 から，出た目の回数だけ隣の頂点に移動させる。移動後に P がある頂点を X_1 とする。

手順2：続けて 1 個のさいころを投げ，P を X_1 から，出た目の回数だけ隣の頂点に移動させる。移動後に P がある頂点を X_2 とする。

手順3：さらに続けて 1 個のさいころを投げ，P を X_2 から，出た目の回数だけ隣の頂点に移動させる。移動後に P がある頂点を X_3 とする。

(1)　$\overrightarrow{OX_0} \cdot \overrightarrow{OX_1} = -1$ となる確率は $\dfrac{\boxed{ア}}{\boxed{イ}}$ である。

(2)　$\overrightarrow{OX_0} \cdot \overrightarrow{OX_2} \geqq \dfrac{1}{2}$ となる確率は $\dfrac{\boxed{ウ}}{\boxed{エオ}}$ である。

(3)　$\overrightarrow{X_0X_1} \cdot \overrightarrow{X_1X_2} = 0$ となる確率は $\dfrac{\boxed{カ}}{\boxed{キク}}$ である。

(4)　$\overrightarrow{OX_0} \cdot \overrightarrow{OX_3} = 0$ となる確率は $\dfrac{\boxed{ケ}}{\boxed{コ}}$ である。

(5)　$\left|\overrightarrow{X_0X_1}\right| < \left|\overrightarrow{X_1X_2}\right| < \left|\overrightarrow{X_2X_3}\right|$ となる確率は $\dfrac{\boxed{サ}}{\boxed{シス}}$ である。

(6)　$\overrightarrow{X_0X_1} \cdot \overrightarrow{X_2X_3} = 0$ となる確率は $\dfrac{\boxed{セ}}{\boxed{ソタ}}$ である。

III   対数は自然対数とする。

(1) 関数 $f(t) = \log\left(t + \sqrt{t^2 + 3}\right)$ に対して，$f'(3) = \dfrac{\sqrt{\boxed{\text{ア}}}}{\boxed{\text{イ}}}$ である。

(2) 関数 $g(t) = t\sqrt{t^2 + 3}$ に対して

$$g'(t) = a\sqrt{t^2 + 3} - \frac{b}{\sqrt{t^2 + 3}}$$

が t についての恒等式となる定数 a, b の値は，$a = \boxed{\text{ウ}}$，$b = \boxed{\text{エ}}$ である。

(3) 座標平面において，次の方程式で表される曲線 C を考える。

$$C : (y + x)^2 = 2\sqrt{3}(y - x)$$

(i) C 上の点 (x, y) に対して，$t = y + x$ とおくとき，t を用いて x を表すと

$$x = \frac{\boxed{\text{オ}}\sqrt{\boxed{\text{カ}}}}{\boxed{\text{キク}}}t^2 + \frac{\boxed{\text{ケ}}}{\boxed{\text{コ}}}t$$

となる。

(ii) C において，x 座標が最大となる点を A とし，y 座標が最小となる点を B とする。A の座標は

$$\left(\frac{\sqrt{\boxed{\text{サ}}}}{\boxed{\text{シ}}}, \frac{\boxed{\text{ス}}\sqrt{\boxed{\text{セ}}}}{\boxed{\text{ソ}}}\right)$$

である。また，A から B までの曲線 C の長さは

$$\sqrt{\boxed{\text{タ}}} + \frac{\sqrt{\boxed{\text{チ}}}}{\boxed{\text{ツ}}}\log\left(\boxed{\text{テ}} + \sqrt{\boxed{\text{ト}}}\right)$$

である。

◀数学 I・II・A・B▶

(60 分)

I $AB = 3$, $AC = 5$, $\angle BAC = \dfrac{\pi}{3}$ である $\triangle ABC$ がある。また，$\triangle ABC$ の外接円の A を含まない弧 BC 上を動く点 D がある。ただし，D は 2 点 B, C のどちらとも異なる点とする。

(1) $BC = \sqrt{\boxed{アイ}}$ であり，$\triangle ABC$ の面積は $\dfrac{\boxed{ウエ}\sqrt{\boxed{オ}}}{\boxed{カ}}$ である。

(2)   AD の最大値は $\dfrac{\boxed{キ}\sqrt{\boxed{クケ}}}{\boxed{コ}}$ である。

(3)   四角形 ABDC の面積の最大値は $\dfrac{\boxed{サシ}\sqrt{\boxed{ス}}}{\boxed{セ}}$ である。

(4) $BD = 2$ のとき，$CD = \boxed{ソ}$，$AD = \sqrt{\boxed{タチ}}$ である。このとき，2 つの線分 AD と BC の交点を E とすると，$\sin \angle AEC = \dfrac{\boxed{ツテ}\sqrt{\boxed{ト}}}{\boxed{ナニ}}$ である。ただし，$0 \leqq \angle AEC \leqq \pi$ とする。

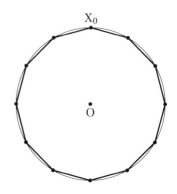

II　図のような O を中心とする半径 1 の円に内接する正十二角形と，この正十二角形の頂点を反時計回りに移動できる点 P がある。最初に図の頂点 X_0 にある P を，次の手順で移動させる。

手順1：1個のさいころを投げ，P を X_0 から，出た目の回数だけ隣の頂点に移動させる。移動後に P がある頂点を X_1 とする。

手順2：続けて1個のさいころを投げ，P を X_1 から，出た目の回数だけ隣の頂点に移動させる。移動後に P がある頂点を X_2 とする。

手順3：さらに続けて1個のさいころを投げ，P を X_2 から，出た目の回数だけ隣の頂点に移動させる。移動後に P がある頂点を X_3 とする。

(1)　$\overrightarrow{OX_0} \cdot \overrightarrow{OX_1} = -1$ となる確率は $\dfrac{\boxed{ア}}{\boxed{イ}}$ である。

(2)　$\overrightarrow{OX_0} \cdot \overrightarrow{OX_2} \geqq \dfrac{1}{2}$ となる確率は $\dfrac{\boxed{ウ}}{\boxed{エオ}}$ である。

(3)　$\overrightarrow{X_0X_1} \cdot \overrightarrow{X_1X_2} = 0$ となる確率は $\dfrac{\boxed{カ}}{\boxed{キク}}$ である。

(4)　$\overrightarrow{OX_0} \cdot \overrightarrow{OX_3} = 0$ となる確率は $\dfrac{\boxed{ケ}}{\boxed{コ}}$ である。

(5)　$\left|\overrightarrow{X_0X_1}\right| < \left|\overrightarrow{X_1X_2}\right| < \left|\overrightarrow{X_2X_3}\right|$ となる確率は $\dfrac{\boxed{サ}}{\boxed{シス}}$ である。

(6)　$\overrightarrow{X_0X_1} \cdot \overrightarrow{X_2X_3} = 0$ となる確率は $\dfrac{\boxed{セ}}{\boxed{ソタ}}$ である。

III 座標平面において，2つの放物線

$$y = \frac{1}{2}x^2 - 4x + 4 \quad \cdots\cdots ①$$
$$y = -\frac{1}{2}x^2 + 6 \quad \cdots\cdots ②$$

を考える。①，② の頂点をそれぞれ A, B とし，① と ② で囲まれた領域を D とする。ただし，D は境界線を含むものとする。

(1) 線分 AB の中点の座標は $\left(\boxed{ア}, \boxed{イ} \right)$ である。

(2) ① と ② の共有点の x 座標は $\boxed{ウ} \pm \sqrt{\boxed{エ}}$ である。

(3) 点 $(7,0)$ を通る ① の接線のうち，傾きが最大のものの傾きは $\boxed{オ}$ である。

(4) 不等式 $y \geqq 1$ の表す領域と D の共通部分の面積は $\boxed{カ} \sqrt{\boxed{キ}}$ である。

(5) 直線 AB の方程式を $y = f(x)$ とし，D の点 $P(a,b)$ に対して $k = f(a) - b$ とおく。

(i) k の値が最大となるとき，P の座標は $\left(\dfrac{\boxed{ク}}{\boxed{ケ}}, \dfrac{\boxed{コサ}}{\boxed{シ}} \right)$ であり，k の値は $\dfrac{\boxed{スセ}}{\boxed{ソ}}$ である。

(ii) k の値が最小となるとき，P の座標は $\left(\dfrac{\boxed{タ}}{\boxed{チ}}, \dfrac{\boxed{ツテ}}{\boxed{ト}} \right)$ であり，k の値は $\dfrac{\boxed{ナニヌ}}{\boxed{ネ}}$ である。

 実施分

解　答

◀数学 I・II・III・A・B▶

(I) 解答

(1) **アイ**. 19　**ウエ**. 15　**オ**. 3　**カ**. 4

(2) **キ**. 2　**クケ**. 57　**コ**. 3

(3) **サシ**. 16　**ス**. 3　**セ**. 3

(4) **ソ**. 3　**タチ**. 19　**ツテ**. 21　**ト**. 3　**ナニ**. 38

=== 解 説 ===

《円に内接する四角形の対角線の長さ，面積の最大値》

(1)　△ABC において，余弦定理より

$$BC^2 = 3^2 + 5^2 - 2 \cdot 3 \cdot 5 \cdot \cos\frac{\pi}{3} = 19$$

となるから　　$BC = \sqrt{19}$　（→アイ）

また，その面積は

$$\frac{1}{2} \cdot 3 \cdot 5 \cdot \sin\frac{\pi}{3} = \frac{15\sqrt{3}}{4}$$　（→ウ〜カ）

(2)　AD の長さが最大となるのは，右図のように
外接円の直径となるときであるから，△ABC に
おいて，正弦定理より

$$AD = \frac{BC}{\sin\frac{\pi}{3}} = \sqrt{19} \cdot \frac{2}{\sqrt{3}}$$

$$= \frac{2\sqrt{57}}{3}$$　（→キ〜コ）

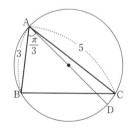

(3)　四角形 ABDC の面積が最大となるのは△BDC の面積が最大となると
きであり，次図のように点Dが辺 BC に平行な直線と円との接点であれば
よい。このとき，∠CBD ＝ ∠BCD より△BDC は二等辺三角形となるから，
BC の中点をMとすると，その面積は

$$\frac{1}{2} \cdot BC \cdot DM = \frac{1}{2} \cdot \sqrt{19} \cdot \frac{\sqrt{19}}{2} \cdot \frac{1}{\sqrt{3}} = \frac{19\sqrt{3}}{12}$$

ゆえに，四角形 ABDC の面積の最大値は

$$\frac{15\sqrt{3}}{4} + \frac{19\sqrt{3}}{12} = \frac{16\sqrt{3}}{3} \quad (\to サ\sim セ)$$

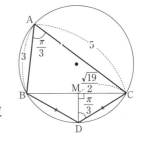

(4)　CD $=x$ とおくと，$\triangle$BDC において，余弦定理より

$$BC^2 = 19 = x^2 + 2^2 - 2 \cdot x \cdot 2 \cdot \cos\frac{2\pi}{3}$$

よって　$x^2 + 2x - 15 = 0 \iff (x-3)(x+5) = 0$

$x > 0$ より　$CD = x = 3$　$(\to ソ)$

ここで，$AB = CD$ より $\angle ACB = \angle DBC$ となり，四角形 ABDC は等脚台形であるから，図形の対称性より

$$AD = BC = \sqrt{19} \quad (\to タチ)$$

$\triangle$BDE$\infty\triangle$CAE で，相似比は $BD : AC = 2 : 5$ だから

$$AE = \frac{5}{7}AD = \frac{5}{7}\sqrt{19}$$

$\triangle$ABC の面積は，底辺を BC とすると高さは $AE \times \sin\angle AEC$ だから

$$\frac{1}{2} \cdot \sqrt{19} \cdot \frac{5\sqrt{19}}{7}\sin\angle AEC = \frac{15\sqrt{3}}{4}$$

$$\iff \sin\angle AEC = \frac{14}{5 \times 19} \times \frac{15\sqrt{3}}{4} = \frac{21\sqrt{3}}{38} \quad (\to ツ\sim ニ)$$

別解　**タチ.** トレミーの定理より

$$AD \times BC = AB \times CD + BD \times AC$$
$$AD \times \sqrt{19} = 3 \times 3 + 2 \times 5$$
$$\therefore \quad AD = \sqrt{19}$$

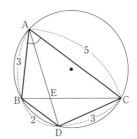

(1)　**ア**．1　**イ**．6

(2)　**ウ**．7　**エオ**．36

(3)　**カ**．5　**キク**．36

(4) **ケ.** 1　**コ.** 6

(5) **サ.** 5　**シス.** 54

(6) **セ.** 1　**ソタ.** 12

═══ **解　説** ═══

《正十二角形の頂点を始点や終点とするベクトルにおける確率》

(1) $\overrightarrow{OX_0}\cdot\overrightarrow{OX_1}=1^2\cdot\cos\angle X_0OX_1=-1$ となるのは，
$\angle X_0OX_1=180°$ のときであるから，手順1で6の目
が出ればよい。

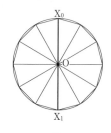

ゆえに，求める確率は　$\dfrac{1}{6}$　（→ア，イ）

(2) $\overrightarrow{OX_0}\cdot\overrightarrow{OX_2}=1^2\cdot\cos\angle X_0OX_2\geqq\dfrac{1}{2}$ と な る の は，
$\angle X_0OX_2\leqq60°$ のときであるから，手順1，2で出た
目を順に a, b とし，$(a,\ b)$ と表すことにすると，題
意の条件をみたす場合は，$(1,\ 1)$，$(4,\ 6)$，$(5,\ 5)$，
$(5,\ 6)$，$(6,\ 4)$，$(6,\ 5)$，$(6,\ 6)$ の7通りある。

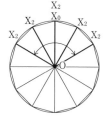

ゆえに，求める確率は　$\dfrac{7}{6\times6}=\dfrac{7}{36}$　（→ウ〜オ）

(3) $\overrightarrow{X_0X_1}\cdot\overrightarrow{X_1X_2}=1^2\cdot\cos\angle X_0X_1X_2=0$ となるのは，
$\angle X_0X_1X_2=90°$ のときであり，円の直径に対する円
周角が90°であるから，題意の条件をみたす場合を(2)
と同様に書き表すと，$(1,\ 5)$，$(2,\ 4)$，$(3,\ 3)$，
$(4,\ 2)$，$(5,\ 1)$ の5通りある。

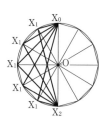

ゆえに，求める確率は　$\dfrac{5}{6\times6}=\dfrac{5}{36}$　（→カ〜ク）

(4) $\overrightarrow{OX_0}\cdot\overrightarrow{OX_3}=1^2\cdot\cos\angle X_0OX_3=0$ となるのは，
$\angle X_0OX_3=90°$ のときであるから，手順1，2，3
で出た目の和を S とすると，題意の条件をみたす
場合は

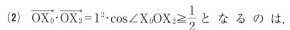

$S=3$ のとき，$S=1+1+1$ の1通り

$S=9$ のとき，$S=3+3+3$ は1通り，$S=2+2+5$，$S=1+4+4$ の場合
は出る目の順序を入れ替えて各3通り，$S=1+2+6$，$S=1+3+5$，
$S=2+3+4$ の場合は出る目の順序を入れ替えて各6通り

$S=15$ のとき, $S=5+5+5$ は 1 通り, $S=3+6+6$ の場合は 3 通り, $S=4+5+6$ の場合は 6 通り

ある。

ゆえに, 計 36 通りあるから, 求める確率は

$$\frac{36}{6\times6\times6}=\frac{1}{6}\quad(\rightarrow\text{ケ, コ})$$

(5) 手順 1, 2, 3 で出た目を順に a, b, c とすると, $a<b<c$ であれば題意の条件をみたす。よって, さいころの 6 つの目から 3 つ選んで小さい順に並べればよいから, $a<b<c$ となる場合は ${}_6C_3=20$ 通りある。

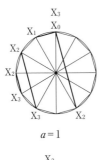

$\begin{pmatrix}a=2, & b=3, & c=4\\ & \text{のとき}\end{pmatrix}$

ゆえに求める確率は $\dfrac{20}{6\times6\times6}=\dfrac{5}{54}\quad(\rightarrow\text{サ～ス})$

(6) 手順 1, 2, 3 で出た目を順に a, b, c とし, (a, b, c) と表すことにすると, 題意の条件をみたす場合は, $(1, 1, 3)$, $(1, 2, 1)$, $(1, 6, 5)$, $(2, 1, 2)$, $(2, 5, 6)$, $(2, 6, 4)$, $(3, 1, 1)$, $(3, 5, 5)$, $(3, 6, 3)$, $(4, 4, 6)$, $(4, 5, 4)$, $(4, 6, 2)$, $(5, 4, 5)$, $(5, 5, 3)$, $(5, 6, 1)$, $(6, 3, 6)$, $(6, 4, 4)$, $(6, 5, 2)$ の計 18 通りある。

ゆえに, 求める確率は $\dfrac{18}{6\times6\times6}=\dfrac{1}{12}\quad(\rightarrow\text{セ～タ})$

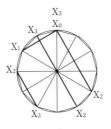

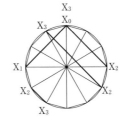

$a=1$

$a=2$

$a=3$

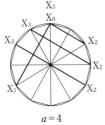

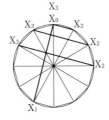

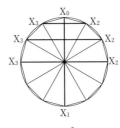

$a=4$

$a=5$

$a=6$

Ⅲ 　**解答**　(1) **ア**. 3　**イ**. 6
(2) **ウ**. 2　**エ**. 3

(3)(i) **オ**. −　**カ**. 3　**キク**. 12　**ケ**. 1　**コ**. 2

(ii) **サ**. 3　**シ**. 4　**ス**. 3　**セ**. 3　**ソ**. 4　**タ**. 3　**チ**. 6　**ツ**. 2

テ. 1　**ト**. 2

═══════ 解 説 ═══════

《曲線の媒介変数表示と曲線の長さを求める部分積分法》

(1)　$f'(t) = \dfrac{1 + \dfrac{2t}{2\sqrt{t^2+3}}}{t + \sqrt{t^2+3}} = \dfrac{\sqrt{t^2+3}+t}{(t+\sqrt{t^2+3})\sqrt{t^2+3}} = \dfrac{1}{\sqrt{t^2+3}}$

となるから

$$f'(3) = \frac{1}{2\sqrt{3}} = \frac{\sqrt{3}}{6} \quad (\to ア, イ)$$

(2)　$g'(t) = \sqrt{t^2+3} + t \cdot \dfrac{2t}{2\sqrt{t^2+3}}$

$\qquad = \sqrt{t^2+3} + \dfrac{t^2+3-3}{\sqrt{t^2+3}}$

$\qquad = 2\sqrt{t^2+3} - \dfrac{3}{\sqrt{t^2+3}}$

となるから，求める定数の値は

$\qquad a=2, \ b=3 \quad (\to ウ, エ)$

(3)(i)　$(y+x)^2 = 2\sqrt{3}\,(y-x) \geqq 0$ より，$y \geqq x$ において $t=y+x$ とおくとき，
$t^2 = 2\sqrt{3}\,(t-2x)$ より

$$x = \frac{-\sqrt{3}}{12}t^2 + \frac{1}{2}t \quad (\to オ〜コ)$$

(ii)　(i)の結果より，$x = -\dfrac{\sqrt{3}}{12}(t-\sqrt{3})^2 + \dfrac{\sqrt{3}}{4}$ となるから，$t=\sqrt{3}$ のとき，

x の最大値は $\dfrac{\sqrt{3}}{4}$ となる。

　このとき，$y = t - x = \sqrt{3} - \dfrac{\sqrt{3}}{4} = \dfrac{3\sqrt{3}}{4}$ となるから，確かに $y \geqq x$ をみたす。

　ゆえに，求める点Aの座標は　$\left(\dfrac{\sqrt{3}}{4}, \ \dfrac{3\sqrt{3}}{4}\right)$ 　(→サ〜ソ)

また，$y = t - x = \dfrac{\sqrt{3}}{12} t^2 + \dfrac{1}{2} t = \dfrac{\sqrt{3}}{12}(t + \sqrt{3})^2 - \dfrac{\sqrt{3}}{4}$ となるから，$t = -\sqrt{3}$

のとき，y の最小値は $-\dfrac{\sqrt{3}}{4}$ となる。

このとき，$x = t - y = -\dfrac{3\sqrt{3}}{4}$ となるから，確かに $y \geqq x$ をみたす。

また，$-\sqrt{3} \leqq t \leqq \sqrt{3}$ のとき

$$\frac{dx}{dt} = -\frac{\sqrt{3}}{6}(t - \sqrt{3}) \geqq 0, \quad \frac{dy}{dt} = \frac{\sqrt{3}}{6}(t + \sqrt{3}) \geqq 0$$

であるから，AからBまでの曲線 C の長さを L とすると

$$\begin{aligned}
L &= \int_{-\sqrt{3}}^{\sqrt{3}} \sqrt{\left(\frac{dx}{dt}\right)^2 + \left(\frac{dy}{dt}\right)^2}\, dt \\
&= \int_{-\sqrt{3}}^{\sqrt{3}} \sqrt{\frac{3}{6^2}(t - \sqrt{3})^2 + \frac{3}{6^2}(t + \sqrt{3})^2}\, dt \\
&= \frac{1}{\sqrt{6}} \int_{-\sqrt{3}}^{\sqrt{3}} \sqrt{t^2 + 3}\, dt \\
\sqrt{6}\, L &= \int_{-\sqrt{3}}^{\sqrt{3}} \sqrt{t^2 + 3}\, dt \\
&= \left[t\sqrt{t^2 + 3} \right]_{-\sqrt{3}}^{\sqrt{3}} - \int_{-\sqrt{3}}^{\sqrt{3}} t \cdot \frac{2t}{2\sqrt{t^2 + 3}}\, dt \\
&= 6\sqrt{2} - \int_{-\sqrt{3}}^{\sqrt{3}} \frac{t^2 + 3 - 3}{\sqrt{t^2 + 3}}\, dt \\
&= 6\sqrt{2} - \int_{-\sqrt{3}}^{\sqrt{3}} \sqrt{t^2 + 3}\, dt + \int_{-\sqrt{3}}^{\sqrt{3}} \frac{3}{\sqrt{t^2 + 3}}\, dt \\
&= 6\sqrt{2} - \sqrt{6}\, L + \left[3f(t) \right]_{-\sqrt{3}}^{\sqrt{3}}
\end{aligned}$$

よって

$$\begin{aligned}
2\sqrt{6}\, L &= 6\sqrt{2} + 3\{ \log(\sqrt{3} + \sqrt{6}) - \log(-\sqrt{3} + \sqrt{6}) \} \\
&= 6\sqrt{2} + 3 \log \frac{\sqrt{3}(\sqrt{2} + 1)}{\sqrt{3}(\sqrt{2} - 1)} \\
&= 6\sqrt{2} + 3 \log \frac{(\sqrt{2} + 1)^2}{2 - 1}
\end{aligned}$$

ゆえに，求める長さは

$$L = \sqrt{3} + \frac{\sqrt{6}}{2} \log(1 + \sqrt{2}) \quad (\to タ \sim ト)$$

◀数学Ⅰ・Ⅱ・A・B▶

 Ⅰ 　◀数学Ⅰ・Ⅱ・Ⅲ・A・B▶Ⅰに同じ。

 Ⅱ 　◀数学Ⅰ・Ⅱ・Ⅲ・A・B▶Ⅱに同じ。

Ⅲ **解答** 　(1)　**ア.** 2　**イ.** 1
　　　　　　　(2)　**ウ.** 2　**エ.** 6

(3)　**オ.** 4

(4)　**カ.** 4　**キ.** 6

(5)(i)　**ク.** 3　**ケ.** 2　**コサ.** −7　**シ.** 8　**スセ.** 25　**ソ.** 8

(ii)　**タ.** 5　**チ.** 2　**ツテ.** 23　**ト.** 8　**ナニヌ.** −25　**ネ.** 8

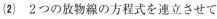 解 説

《2つの放物線で囲まれた領域の面積，接線の傾きと y 切片》

(1)　$y=\dfrac{1}{2}x^2-4x+4=\dfrac{1}{2}(x-4)^2-4$ より

　　　A$(4,\ -4)$

　　また，$y=-\dfrac{1}{2}x^2+6$ より　　B$(0,\ 6)$

　　よって，線分 AB の中点Mの座標は，$(2,\ 1)$
である。（→ア，イ）

(2)　2つの放物線の方程式を連立させて

　　　　$\dfrac{1}{2}x^2-4x+4=-\dfrac{1}{2}x^2+6$

　　　　$x^2-4x-2=0$

　　ゆえに，共有点の x 座標は

　　　　$x=2\pm\sqrt{6}$　（→ウ，エ）

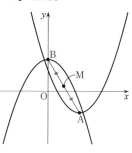

(3) 点 $(7, 0)$ を通る直線の傾きを m とすると，その方程式は $y = m(x-7)$ より，放物線①と連立させて

$$\frac{1}{2}x^2 - 4x + 4 = m(x-7)$$

$$\therefore \quad x^2 - 2(m+4)x + 14m + 8 = 0$$

接するから重解をもつので

$$判別式 \frac{D}{4} = (m+4)^2 - (14m+8) = 0$$

$$\Longleftrightarrow \quad m^2 - 6m + 8 = 0$$

$$\therefore \quad (m-2)(m-4) = 0$$

ゆえに，傾き m が最大のものは　　$m = 4$　（→オ）

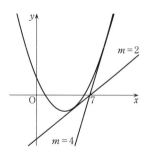

(4) 直線 $y = 1$ は線分 AB の中点Mを通るので，図形の対称性より領域 D を二等分するから，$\alpha = 2 - \sqrt{6}$，$\beta = 2 + \sqrt{6}$ とおくと，求める面積 S は

$$S = \frac{1}{2}\int_\alpha^\beta \left\{\left(-\frac{1}{2}x^2 + 6\right) - \left(\frac{1}{2}x^2 - 4x + 4\right)\right\}dx$$

$$= -\frac{1}{2}\int_\alpha^\beta (x^2 - 4x - 2)\,dx$$

$$= -\frac{1}{2}\int_\alpha^\beta (x-\alpha)(x-\beta)\,dx$$

$$= \frac{1}{2}\cdot\frac{1}{6}(\beta-\alpha)^3 = \frac{1}{12}(2\sqrt{6})^3$$

$$= 4\sqrt{6} \quad （→カ，キ）$$

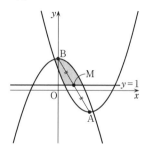

(5) $y = f(x) = -\frac{5}{2}x + 6$ であるから，$k = f(a) - b$ より

$$b = -\frac{5}{2}a + 6 - k \quad \cdots\cdots ③$$

(i) 直線③が D と共有点をもつとき，y 切片 $6-k$ が最小となれば k の値が最大となるから，放物線①と接するとき，$y' = x - 4 = -\frac{5}{2}$ より

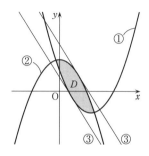

2
0
2
4
年
度

2
月
11
日

解
答
編

$$x = \frac{3}{2} \quad (\to \mathcal{7}, \ \mathcal{7})$$

このとき，①より

$$y = \frac{1}{2}\left(\frac{3}{2}\right)^2 - 4 \cdot \frac{3}{2} + 4 = \frac{-7}{8} \quad (\to \mathcal{7} \sim \mathcal{7})$$

よって，k の値は

$$k = -\frac{5}{2} \cdot \frac{3}{2} + 6 + \frac{7}{8} = \frac{25}{8} \quad (\to \mathcal{7} \sim \mathcal{7})$$

(ii)　直線③が D と共有点をもつとき，y 切片 $6-k$ が最大となれば k の値が最小となるから，放物線②と接するとき，$y' = -x = -\frac{5}{2}$ より

$$x = \frac{5}{2} \quad (\to \mathcal{9}, \ \mathcal{F})$$

このとき，②より

$$y = -\frac{1}{2}\left(\frac{5}{2}\right)^2 + 6 = \frac{23}{8} \quad (\to \mathcal{7} \sim \mathcal{F})$$

よって，k の値は

$$k = -\frac{5}{2} \cdot \frac{5}{2} + 6 - \frac{23}{8} = \frac{-25}{8} \quad (\to \mathcal{7} \sim \mathcal{7})$$

2月13日実施分　問　題

注　意

　問題の文中の　ア　，　イウ　などの　□　には，特に指示のないかぎ
り，数値または符号（－）が入る。これらを次の方法で解答用紙の指定欄にマークせ
よ。

(1)　ア，イ，ウ，…の一つ一つは，それぞれ0から9までの数字，または－の符号のい
　　ずれか一つに対応する。それらをア，イ，ウ，…で示された解答欄にマークする。

　〔例〕　アイ　に－8と答えたいとき

ア	● ⓪ ① ② ③ ④ ⑤ ⑥ ⑦ ⑧ ⑨
イ	⊖ ⓪ ① ② ③ ④ ⑤ ⑥ ⑦ ● ⑨

(2)　分数形が解答で求められているときは，既約分数（それ以上約分できない分数）で
　　答える。符号は分子につけ，分母につけてはならない。

　〔例〕　$\dfrac{ウエ}{オ}$　に$-\dfrac{4}{5}$と答えたいとき

ウ	● ⓪ ① ② ③ ④ ⑤ ⑥ ⑦ ⑧ ⑨
エ	⊖ ⓪ ① ② ③ ● ⑤ ⑥ ⑦ ⑧ ⑨
オ	⊖ ⓪ ① ② ③ ④ ● ⑥ ⑦ ⑧ ⑨

(3)　根号を含む形で解答する場合は，根号の中に現れる自然数が最小となる形で答える。
　　例えば，　カ$\sqrt{\ \text{キ}\ }$　に$4\sqrt{2}$と答えるところを，$2\sqrt{8}$のように答えて
はならない。

(4)　分数形で根号を含む形で解答する場合，$\dfrac{\boxed{ク}+\boxed{ケ}\sqrt{\boxed{コ}}}{\boxed{サ}}$に

$\dfrac{3+2\sqrt{2}}{2}$と答えるところを，$\dfrac{6+4\sqrt{2}}{4}$や$\dfrac{6+2\sqrt{8}}{4}$のように答えてはならない。

◀数学 I・II・A・B▶

(60分)

Ⅰ (1) 自然数 n に対して,

$$A_n = \frac{1}{1 \cdot 2} + \frac{1}{2 \cdot 3} + \frac{1}{3 \cdot 4} + \cdots\cdots + \frac{1}{n(n+1)}$$

$$B_n = \frac{1}{1 \cdot 3} + \frac{1}{3 \cdot 5} + \frac{1}{5 \cdot 7} + \cdots\cdots + \frac{1}{(2n-1)(2n+1)}$$

を考える。$A_n = 0.9$ になるのは $n = \boxed{\text{ア}}$ のときである。$B_n = 0.48$ になるのは $n = \boxed{\text{イウ}}$ のときである。また, $A_n - B_n > 0.4$ となる最小の n は $\boxed{\text{エ}}$ である。

(2) $k > 0$ とする。座標平面上に 4 点 O(0, 0), A(4, 0), B(0, k), C(k, 0) があり, 線分 AB 上に点 D(3, 2) があるとする。このとき,

$$k = \boxed{\text{オ}}, \qquad \overrightarrow{OD} = \frac{\boxed{\text{カ}}}{\boxed{\text{キ}}} \overrightarrow{OA} + \frac{\boxed{\text{ク}}}{\boxed{\text{ケ}}} \overrightarrow{OB}$$

であり, 直線 OD と線分 BC の交点は, 線分 BC を $1 : \dfrac{\boxed{\text{コ}}}{\boxed{\text{サ}}}$ に内分する。

(3) p, q を実数とする。2 次方程式 $x^2 + px - 24 = 0$ が実数解 s, t ($s < t$) をもち, 2 次方程式 $x^2 + qx - 20 = 0$ が実数解 $p, t - s$ をもつ。このとき,

$$p = \boxed{\text{シス}}, \quad q = \boxed{\text{セソ}}, \quad s = \boxed{\text{タチ}}, \quad t = \boxed{\text{ツ}}$$

である。

(4) 不等式

$$2 \le a < b < c \le 9, \qquad a \log_2 b < c$$

をすべて満たす自然数 a, b, c の組 (a, b, c) のうち, $c = 3a$ を満たすものは全

部で $\boxed{\text{テ}}$ 個あり, $c = a^2$ を満たすものは全部で $\boxed{\text{ト}}$ 個ある。

II 正の実数 a, b に対して, 座標平面上の原点 $(0, 0)$ を通り, 点 (a, b) を頂点と
する放物線をグラフにもつ 2 次関数を $y = f(x)$ とする。また, 放物線 $y = f(x)$
と x 軸で囲まれた部分の面積を S とする。

(1) $a = 3$, $b = 4$ のとき, $f(x) = \dfrac{\boxed{\text{アイ}}}{\boxed{\text{ウ}}} x^2 + \dfrac{\boxed{\text{エ}}}{\boxed{\text{オ}}} x$ である。

(2) $ab = 1$ のとき, $S = \dfrac{\boxed{\text{カ}}}{\boxed{\text{キ}}}$ である。

(3) $4a^2 + 3b^2 = 12$ のとき, S のとりうる値の範囲は

$$\boxed{\text{ク}} < S \leq \dfrac{\boxed{\text{ケ}}\sqrt{\boxed{\text{コ}}}}{\boxed{\text{サ}}}$$

であり, S が最大値をとるときの a, b の値は

$$a = \sqrt{\dfrac{\boxed{\text{シ}}}{\boxed{\text{ス}}}}, \quad b = \sqrt{\boxed{\text{セ}}}$$

である。

(4) 2 つの放物線 $y = f(x)$, $y = x^2$ で囲まれた部分の面積を T とする。

(i) $a = 2$, $b = 1$ のとき, $T = \dfrac{\boxed{\text{ソ}}}{\boxed{\text{タチ}}}$ である。

(ii) 点 (a, b) が放物線 $y = 2x^2$ 上にあるとき, $\dfrac{T}{S} = \dfrac{\boxed{\text{ツ}}}{\boxed{\text{テ}}}$ である。

(iii) $\dfrac{T}{S} = \dfrac{1}{3}$ を満たす点 (a, b) の軌跡の方程式は

$$y = \frac{1 + \sqrt{\boxed{ト}}}{\boxed{ナ}} x^2 \quad (x > 0)$$

である。

Ⅲ　△ABC の内心を I とし，IB $= 2\sqrt{3}$, IC $= \sqrt{7}$, BC $= 5$ とする。また，△ABC の内接円を T，外接円を S とする。

(1)　$\angle \mathrm{ABC} = \dfrac{\boxed{ア}}{\boxed{イ}} \pi$ であり，$\cos \angle \mathrm{ICB} = \dfrac{\boxed{ウ}\sqrt{\boxed{エ}}}{\boxed{オ}}$ である。

(2)　T の半径は $\sqrt{\boxed{カ}}$ である。

(3)　$\mathrm{AB} = \boxed{キ}$ であり，$\mathrm{AC} = \boxed{ク}$ である。また，△ABC の面積は $\boxed{ケコ}\sqrt{\boxed{サ}}$ である。

(4)　S の半径は $\dfrac{\boxed{シ}\sqrt{\boxed{ス}}}{\boxed{セ}}$ である。

(5)　S と直線 BI の交点のうち，B でない点を D とし，AC と BD の交点を E とする。$\mathrm{BD} = \dfrac{\boxed{ソタ}\sqrt{\boxed{チ}}}{\boxed{ツ}}$ であり，$\dfrac{\mathrm{DE}}{\mathrm{BE}} = \dfrac{\boxed{テト}}{\boxed{ナニヌ}}$ である。

2月13日実施分

解　答

◀数学 I・II・A・B▶

(1) **ア.** 9　**イウ.** 12　**エ.** 7
(2) **オ.** 8　**カ.** 3　**キ.** 4　**ク.** 1　**ケ.** 4
コ. 2　**サ.** 3
(3) **シス.** -2　**セソ.** -8　**タチ.** -4　**ツ.** 6
(4) **テ.** 7　**ト.** 5

=== 解　説 ===

《小問4問》

(1)
$$A_n = \sum_{k=1}^{n} \frac{1}{k(k+1)} = \sum_{k=1}^{n} \left(\frac{1}{k} - \frac{1}{k+1} \right)$$

$$= \left(\frac{1}{1} - \frac{1}{2} \right) + \left(\frac{1}{2} - \frac{1}{3} \right) + \left(\frac{1}{3} - \frac{1}{4} \right) + \cdots + \left(\frac{1}{n} - \frac{1}{n+1} \right)$$

$$= 1 - \frac{1}{n+1} = \frac{n}{n+1}$$

$A_n = 0.9 = \dfrac{9}{10}$ になるのは　　$n = 9$　（→ア）

$$B_n = \sum_{k=1}^{n} \frac{1}{(2k-1)(2k+1)} = \sum_{k=1}^{n} \frac{1}{2} \left(\frac{1}{2k-1} - \frac{1}{2k+1} \right)$$

$$= \frac{1}{2} \left\{ \left(\frac{1}{1} - \frac{1}{3} \right) + \left(\frac{1}{3} - \frac{1}{5} \right) + \left(\frac{1}{5} - \frac{1}{7} \right) + \cdots + \left(\frac{1}{2n-1} - \frac{1}{2n+1} \right) \right\}$$

$$= \frac{1}{2} \left(1 - \frac{1}{2n+1} \right) = \frac{n}{2n+1}$$

$B_n = 0.48 = \dfrac{48}{100} = \dfrac{12}{25}$ になるのは　　$n = 12$　（→イウ）

また

$$A_n - B_n = \frac{n}{n+1} - \frac{n}{2n+1} = \frac{n^2}{(n+1)(2n+1)} > 0.4 = \frac{2}{5}$$

$$5n^2 > 2(n+1)(2n+1)$$

∴　$n(n-6) > 2$

このとき，最小の n は　　　7　（→エ）

(2)　直線 AB の方程式は，$\dfrac{x}{4} + \dfrac{y}{k} = 1$ であり，点

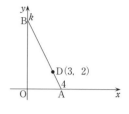

D を通るから

$$\frac{3}{4} + \frac{2}{k} = 1 \iff \frac{2}{k} = \frac{1}{4}$$

∴　$k = 8$　（→オ）

点 D は線分 AB を $1:3$ に内分するから

$$\overrightarrow{\mathrm{OD}} = \frac{3}{4}\overrightarrow{\mathrm{OA}} + \frac{1}{4}\overrightarrow{\mathrm{OB}}\quad（→カ～ケ）$$

直線 OD と BC の交点を E とすると，

$\overrightarrow{\mathrm{OC}} = 2\overrightarrow{\mathrm{OA}}$ より

$$\overrightarrow{\mathrm{OE}} = t\overrightarrow{\mathrm{OD}} = \frac{3t}{4}\overrightarrow{\mathrm{OA}} + \frac{t}{4}\overrightarrow{\mathrm{OB}} = \frac{3t}{8}\overrightarrow{\mathrm{OC}} + \frac{t}{4}\overrightarrow{\mathrm{OB}}$$

と表せる。（t は実数）

$\dfrac{3t}{8} + \dfrac{t}{4} = 1$ より $t = \dfrac{8}{5}$ となるから

$$\overrightarrow{\mathrm{OE}} = \frac{2}{5}\overrightarrow{\mathrm{OB}} + \frac{3}{5}\overrightarrow{\mathrm{OC}}$$

ゆえに，交点 E は線分 BC を $3:2 = 1:\dfrac{2}{3}$　（→コ，サ）に内分する。

(3)　2 つの 2 次方程式の解と係数の関係より

$$s + t = -p\quad\cdots\cdots①$$
$$st = -24\quad\cdots\cdots②$$
$$p + t - s = -q\quad\cdots\cdots③$$
$$p(t-s) = -20\quad\cdots\cdots④$$

が成り立つ。

$s < t$ だから，②より $s < 0 < t$ で，①，④より

$$-(s+t)(t-s) = -20 \iff t^2 - s^2 = 20$$

これより $s^2 t^2 - s^4 = 20s^2$ となり，②から

$$s^4 + 20s^2 - 24^2 = 0 \iff (s^2 - 4^2)(s^2 + 6^2) = 0$$

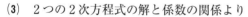

$s<0$ より　　$s=-4$

①，②，③より　　$t=6$, $p=-2$, $q=-8$

以上より

　　$p=-2$, $q=-8$, $s=-4$, $t=6$　（→シ～ツ）

(4)　• $c=3a$ のとき

　　$2 \leqq a < b < 3a \leqq 9$

　　$a \log_2 b < 3a \iff b < 2^3 = 8$

　　$a=2$, 3

$a=2$ のとき，$2<b<6$, $c=6$ より

　　$(a, b, c) = (2, 3, 6)$, $(2, 4, 6)$, $(2, 5, 6)$ の3個

$a=3$ のとき，$3<b<8$, $c=9$ より

　　$(a, b, c) = (3, 4, 9)$, $(3, 5, 9)$, $(3, 6, 9)$, $(3, 7, 9)$ の4個

よって，全部で　　7個　（→テ）

• $c=a^2$ のとき

$2 \leqq a < b < a^2 \leqq 9$ より　　$a=2$, 3

　　$a \log_2 b < a^2 \iff b < 2^a$

$a=2$ のとき，$b<4$, $c=4$ で

　　$(a, b, c) = (2, 3, 4)$ の1個

$a=3$ のとき，$b<8$, $c=9$ で

　　$(a, b, c) = (3, 4, 9)$, $(3, 5, 9)$, $(3, 6, 9)$, $(3, 7, 9)$ の4個

よって，全部で　　5個　（→ト）

 解答

(1) **アイ**. -4 **ウ**. 9 **エ**. 8 **オ**. 3

(2) **カ**. 4 **キ**. 3

(3) **ク**. 0 **ケ**. 4 **コ**. 3 **サ**. 3 **シ**. 6 **ス**. 2 **セ**. 2

(4)(i) **ソ**. 8 **タチ**. 75 (ii) **ツ**. 4 **テ**. 9 (iii) **ト**. 3 **ナ**. 2

=== 解説 ===

《放物線と x 軸または2つの放物線で囲まれた部分の面積》

(1)　$p<0$ として $f(x) = p(x-a)^2 + b$ とおくと

　　$f(0) = pa^2 + b = 0$　　$p = -\dfrac{b}{a^2}$

2
0
2
4
年
度

2
月
13
日

解
答
編

$$\therefore \quad f(x) = -\frac{b}{a^2}x^2 + \frac{2b}{a}x$$

ゆえに，$a=3$，$b=4$ のとき

$$f(x) = \frac{-4}{9}x^2 + \frac{8}{3}x \quad (\to \text{ア} \sim \text{オ})$$

(2) $f(x) = -\dfrac{b}{a^2}x(x-2a)$ であるから，求める面

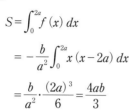

積 S は

$$S = \int_0^{2a} f(x)\,dx$$

$$= -\frac{b}{a^2}\int_0^{2a} x(x-2a)\,dx$$

$$= \frac{b}{a^2}\cdot\frac{(2a)^3}{6} = \frac{4ab}{3}$$

となるから，$ab=1$ のとき　　$S = \dfrac{4}{3}$　$(\to \text{カ}，\text{キ})$

(3) $4a^2 > 0$，$3b^2 > 0$ であるから，（相加平均）≧（相乗平均）より

$$4a^2 + 3b^2 \geqq 2\sqrt{4a^2 \cdot 3b^2}$$

$$12 \geqq 4\sqrt{3}\,ab$$

$$\therefore \quad ab \leqq \sqrt{3}$$

また，$ab > 0$ であるから，S のとりうる値の範囲は

$$0 < S \leqq \frac{4\sqrt{3}}{3} \quad (\to \text{ク} \sim \text{サ})$$

S が最大値をとるとき，上式の等号が成立するから

$$4a^2 + 3b^2 = 12 \qquad 4a^2 = 3b^2 = 6$$

$$\therefore \quad a = \frac{\sqrt{6}}{2},\ b = \sqrt{2} \quad (\to \text{シ} \sim \text{セ})$$

(4)(i) $y = f(x)$ と $y = x^2$ を連立させて

$$-\frac{b}{a^2}x^2 + \frac{2b}{a}x = x^2$$

$$\Longleftrightarrow \quad -\frac{a^2+b}{a^2}x\left(x - \frac{2ab}{a^2+b}\right) = 0$$

$$\therefore \quad x = 0,\ \frac{2ab}{a^2+b}$$

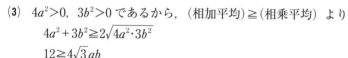

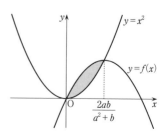

よって，面積 T は

$$T = \int_0^{\frac{2ab}{a^2+b}} (f(x) - x^2)\, dx$$

$$= -\frac{a^2+b}{a^2} \int_0^{\frac{2ab}{a^2+b}} x\left(x - \frac{2ab}{a^2+b}\right) dx$$

$$= \frac{a^2+b}{a^2} \cdot \frac{1}{6} \cdot \left(\frac{2ab}{a^2+b}\right)^3 = \frac{4ab^3}{3(a^2+b)^2}$$

ゆえに，$a=2$, $b=1$ のとき　　$T = \dfrac{8}{75}$　　（→ソ～チ）

(ii)　$\dfrac{T}{S} = \dfrac{4ab^3}{3(a^2+b)^2} \cdot \dfrac{3}{4ab} = \dfrac{b^2}{(a^2+b)^2}$ より，点 (a, b) が放物線 $y=2x^2$ 上にあるとき，$b=2a^2$ をみたすから

$$\frac{T}{S} = \frac{(2a^2)^2}{(3a^2)^2} = \frac{4a^4}{9a^4} = \frac{4}{9}\quad(\to ツ,\ テ)$$

(iii)　$\dfrac{T}{S} = \dfrac{b^2}{(a^2+b)^2} = \dfrac{1}{3}$ をみたすとき，$b>0$ だから，$3b^2 = (a^2+b)^2$ より両辺の正の平方根をとって

$$\sqrt{3}\,b = a^2 + b \iff (\sqrt{3}-1)b = a^2$$

$$\therefore\quad b = \frac{1}{\sqrt{3}-1}a^2 = \frac{\sqrt{3}+1}{3-1}a^2 = \frac{1+\sqrt{3}}{2}a^2\quad(a>0)$$

ゆえに，求める軌跡の方程式は

$$y = \frac{1+\sqrt{3}}{2}x^2\quad(x>0)\quad(\to ト,\ ナ)$$

Ⅲ　**解答**　(1) **ア**. 1　**イ**. 3　**ウ**. 2　**エ**. 7　**オ**. 7

(2) **カ**. 3

(3) **キ**. 8　**ク**. 7　**ケコ**. 10　**サ**. 3

(4) **シ**. 7　**ス**. 3　**セ**. 3

(5) **ソタ**. 13　**チ**. 3　**ツ**. 3　**テト**. 49　**ナニヌ**. 120

=========== 解説 ===========

《三角形の三辺の長さと面積，内接円・外接円の半径》

(1)　△IBC において，余弦定理より

$$\cos\angle\mathrm{IBC} = \frac{12+25-7}{2\cdot 2\sqrt{3}\cdot 5} = \frac{\sqrt{3}}{2}$$

$$\therefore\quad \angle\mathrm{IBC} = \frac{1}{6}\pi$$

となるから

$$\angle\mathrm{ABC} = 2\angle\mathrm{IBC} = \frac{1}{3}\pi \quad (\rightarrow \mathcal{P},\ \mathcal{I})$$

よって，内接円 T と辺 BC の接点を L とすると，BL＝3 より，CL＝2
となるから

$$\cos\angle\mathrm{ICB} = \frac{2}{\sqrt{7}} = \frac{2\sqrt{7}}{7} \quad (\rightarrow \mathcal{D}\sim\mathcal{I})$$

(2) 右図より，内接円 T の半径は

$$\mathrm{IL} = \sqrt{3} \quad (\rightarrow \mathcal{D})$$

(3) △ABC の内接円 T と辺 AB，AC との接点を
それぞれ M，N とし，AM＝AN＝x とすると，
△ABC において，余弦定理より

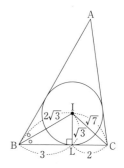

$$\mathrm{AC}^2 = \mathrm{AB}^2 + \mathrm{BC}^2 - 2\cdot\mathrm{AB}\cdot\mathrm{BC}\cdot\cos\angle\mathrm{ABC}$$

$$(x+2)^2 = (x+3)^2 + 5^2 - 2(x+3)\cdot 5\cdot\frac{1}{2}$$

$$\therefore\quad x = 5$$

ゆえに

$$\mathrm{AB} = x+3 = 8,\quad \mathrm{AC} = x+2 = 7 \quad (\rightarrow \mathcal{+},\ \mathcal{D})$$

また，△ABC の面積は

$$\frac{1}{2}\cdot\mathrm{AB}\cdot\mathrm{BC}\cdot\sin\frac{\pi}{3} = 10\sqrt{3} \quad (\rightarrow \mathcal{T}\sim\mathcal{H})$$

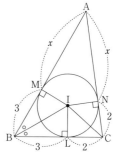

(4) △ABC の外接円の半径を R とすると，正弦定
理より

$$2R = \frac{\mathrm{AC}}{\sin\dfrac{\pi}{3}} = \frac{7\cdot 2}{\sqrt{3}}$$

$$\therefore\quad R = \frac{7}{\sqrt{3}} = \frac{7\sqrt{3}}{3} \quad (\rightarrow \mathcal{シ}\sim\mathcal{セ})$$

(5) 外接円の中心を O とすると,

AO = DO かつ $\angle AOD = 2\angle ABD = \dfrac{\pi}{3}$ だか

ら,△AOD は正三角形であり,同様に
△DOC も正三角形である。

よって $\quad AD = CD = R = \dfrac{7}{\sqrt{3}}$

ここで,$\angle BAD = \theta$ とすると,△ABD
と △BCD において,余弦定理より

$$BD^2 = AB^2 + AD^2 - 2\cdot AB\cdot AD\cos\theta$$
$$= BC^2 + CD^2 - 2\cdot BC\cdot CD\cos\angle BCD$$

$$8^2 + \left(\frac{7}{\sqrt{3}}\right)^2 - 2\cdot 8\cdot\frac{7}{\sqrt{3}}\cos\theta = 5^2 + \left(\frac{7}{\sqrt{3}}\right)^2 - 2\cdot 5\cdot\frac{7}{\sqrt{3}}\cos(\pi-\theta)$$

$$8^2 - 5^2 = 2\cdot 8\cdot\frac{7}{\sqrt{3}}\cos\theta + 2\cdot 5\cdot\frac{7}{\sqrt{3}}\cos\theta$$

$$(8-5)(8+5) = 2\cdot(8+5)\cdot\frac{7}{\sqrt{3}}\cos\theta$$

$$\therefore\quad \cos\theta = \frac{3\sqrt{3}}{2\cdot 7}$$

ゆえに

$$BD^2 = 8^2 + \left(\frac{7}{\sqrt{3}}\right)^2 - 2\cdot 8\cdot\frac{7}{\sqrt{3}}\cdot\frac{3\sqrt{3}}{2\cdot 7}$$

$$= 64 + \frac{49}{3} - 24 = \frac{169}{3}$$

となるから $\quad BD = \dfrac{13}{\sqrt{3}} = \dfrac{13\sqrt{3}}{3}$ (→ソ～ツ)

$\triangle ADC = \dfrac{1}{2}\cdot\left(\dfrac{7}{\sqrt{3}}\right)^2\cdot\sin\dfrac{2\pi}{3} = \dfrac{49\sqrt{3}}{12}$ であるから

$\dfrac{DE}{BE} = \dfrac{\triangle ADC}{\triangle ABC} = \dfrac{49\sqrt{3}}{12\cdot 10\sqrt{3}} = \dfrac{49}{120}$ (→テ～ヌ)

1月29日実施分　　問　題

注　意

問題の文中の　ア　，　イウ　などの　□□□　には，特に指示のないかぎり，数値または符号（－）が入る。これらを次の方法で解答用紙の指定欄にマークせよ。

(1) ア，イ，ウ，…の一つ一つは，それぞれ0から9までの数字，または－の符号のいずれか一つに対応する。それらをア，イ，ウ，…で示された解答欄にマークする。

〔例〕　アイ　に－8と答えたいとき

ア	● ⓪ ① ② ③ ④ ⑤ ⑥ ⑦ ⑧ ⑨
イ	⊖ ⓪ ① ② ③ ④ ⑤ ⑥ ⑦ ● ⑨

(2) 分数形が解答で求められているときは，既約分数（それ以上約分できない分数）で答える。符号は分子につけ，分母につけてはならない。

〔例〕　$\dfrac{ウエ}{オ}$　に$-\dfrac{4}{5}$と答えたいとき

ウ	● ⓪ ① ② ③ ④ ⑤ ⑥ ⑦ ⑧ ⑨
エ	⊖ ⓪ ① ② ③ ● ⑤ ⑥ ⑦ ⑧ ⑨
オ	⊖ ⓪ ① ② ③ ④ ● ⑥ ⑦ ⑧ ⑨

(3) 根号を含む形で解答する場合は，根号の中に現れる自然数が最小となる形で答える。例えば，　カ　$\sqrt{\boxed{\text{キ}}}$　に$4\sqrt{2}$と答えるところを，$2\sqrt{8}$のように答えてはならない。

(4) 分数形で根号を含む形で解答する場合，$\dfrac{\boxed{\text{ク}}+\boxed{\text{ケ}}\sqrt{\boxed{\text{コ}}}}{\boxed{\text{サ}}}$に

$\dfrac{3+2\sqrt{2}}{2}$と答えるところを，$\dfrac{6+4\sqrt{2}}{4}$や$\dfrac{6+2\sqrt{8}}{4}$のように答えてはならない。

◆数学Ⅰ・Ⅱ・Ⅲ・Ａ・Ｂ▶

(60 分)

Ⅰ　赤玉が 6 個，白玉が 4 個入った袋から玉を取り出す。

(1) 袋から玉を 2 個同時に取り出すとき，赤玉が 2 個出る確率は $\dfrac{\boxed{ア}}{\boxed{イ}}$ であ

り，赤玉と白玉が 1 個ずつ出る確率は $\dfrac{\boxed{ウ}}{\boxed{エオ}}$ である。

(2) 袋から玉を 2 個同時に取り出すとき，取り出した 2 個の玉が同じ色であり，
さらにそのうち 1 個を袋に戻し，よくかき混ぜて，袋から新たに玉を 1 個取り

出すとき，新たに取り出した玉も同じ色である確率は $\dfrac{\boxed{カキ}}{\boxed{クケコ}}$ である。

(3) 袋の外に，予備の赤玉と白玉を 3 個ずつ用意しておく。

袋から玉を 1 個取り出して，それとは色の異なる予備の玉を 1 個袋に入れ，
よくかき混ぜる。この試行を 3 回続けて行うとき，袋から取り出した 3 個の玉

の中に赤玉が 2 個以上ある確率は $\dfrac{\boxed{サシ}}{\boxed{スセソ}}$ である。ただし，取り出した玉

は袋に戻さないとする。

(4) 袋から玉を 3 個同時に取り出したが，そのうちの 1 個を紛失した。残った 2
個はどちらも赤玉であったとする。これら 3 個の玉は袋に戻っていないとする。
この状態で，袋から新たに玉を 1 個取り出す。この新たに取り出した玉を A と
呼ぶ。

(i) A が白玉である確率は $\dfrac{\boxed{タチ}}{\boxed{ツテ}}$ である。

(ii) A が白玉であったとき，紛失した玉も白玉である確率は $\dfrac{\boxed{ト}}{\boxed{ナニ}}$ である。

II　(1)　$-\dfrac{\pi}{2} \leqq x \leqq \dfrac{\pi}{2}$ において，関数

$$f(x) = \cos x \int_{-1}^{3} (\sin x - t \cos x)\, dt$$

を考える。

(i)　$f\left(\dfrac{\pi}{6}\right) = \boxed{\text{アイ}} + \sqrt{\boxed{\text{ウ}}}$ である。

(ii)　$f(x)$ の最大値は $\boxed{\text{エオ}} + \boxed{\text{カ}} \sqrt{\boxed{\text{キ}}}$ である。また，$f(x)$ が

最大となる x の値は $x = \dfrac{\boxed{\text{ク}}}{\boxed{\text{ケ}}} \pi$ である。

(2)　$-\dfrac{\pi}{2} \leqq x \leqq \dfrac{\pi}{2}$ において，関数

$$g(x) = \cos x \int_{-1}^{3} |\sin x - t \cos x|\, dt$$

を考える。

(i)　$g\left(-\dfrac{\pi}{3}\right) = \boxed{\text{コ}} + \sqrt{\boxed{\text{サ}}}$ である。

(ii)　$g\left(\dfrac{\pi}{6}\right) = \boxed{\text{シ}} - \dfrac{\sqrt{\boxed{\text{ス}}}}{\boxed{\text{セ}}}$ である。

(iii)　$g(x)$ の最大値は $\boxed{\text{ソ}} + \sqrt{\boxed{\text{タ}}}$ である。また，$g(x)$ が最大とな

る x の値は $\tan x = \boxed{\text{チ}} - \sqrt{\boxed{\text{ツ}}}$ を満たす。

III　k は $k < 0$ を満たす定数とする。O を原点とする座標平面において

$$\text{楕円 } C: \frac{x^2}{12} + \frac{y^2}{3} = 1, \qquad \text{直線 } \ell: kx - y = 4k$$

を考える。C の焦点を x 座標が大きい順に F, F′ とする。

(1)　F の座標は $\left(\boxed{} , \boxed{} \right)$ である。また，C 上の点 P に対して，

$\text{PF} + \text{PF}' = \boxed{} \sqrt{\boxed{}}$ が成り立つ。

(2)　ℓ が k の値に関係なく通る定点の座標は $\left(\boxed{} , \boxed{} \right)$ である。

(3)　ℓ が C に接するときを考える。接点を Q とする。

(i)　$k = \dfrac{\boxed{} \sqrt{\boxed{}}}{\boxed{}}$ である。

(ii)　Q の座標は $\left(\boxed{} , \dfrac{\sqrt{\boxed{}}}{\boxed{}} \right)$ である。

(iii)　直線 OQ 上にない C 上の点 P に対して，△OPQ の面積が最大となるとき，直線 OQ と P の距離は $\dfrac{\boxed{} \sqrt{\boxed{}}}{\boxed{}}$ であり，△OPQ の面積は $\boxed{}$ である。

(4)　点 R を通り C に接する直線が 2 つあり，それらは直交しているとする。この条件を満たす点 R の軌跡を D とする。

(i)　D と x 軸の正の部分の交点の x 座標は $\sqrt{\boxed{}}$ である。

(ii)　D と ℓ がただ 1 つの共有点をもつとき，$k = \boxed{} \sqrt{\boxed{}}$ である。

◀数学 I・II・A・B▶

(60 分)

I　赤玉が 6 個，白玉が 4 個入った袋から玉を取り出す。

(1)　袋から玉を 2 個同時に取り出すとき，赤玉が 2 個出る確率は $\dfrac{\boxed{ア}}{\boxed{イ}}$ であり，赤玉と白玉が 1 個ずつ出る確率は $\dfrac{\boxed{ウ}}{\boxed{エオ}}$ である。

(2)　袋から玉を 2 個同時に取り出すとき，取り出した 2 個の玉が同じ色であり，さらにそのうち 1 個を袋に戻し，よくかき混ぜて，袋から新たに玉を 1 個取り出すとき，新たに取り出した玉も同じ色である確率は $\dfrac{\boxed{カキ}}{\boxed{クケコ}}$ である。

(3)　袋の外に，予備の赤玉と白玉を 3 個ずつ用意しておく。

袋から玉を 1 個取り出して，それとは色の異なる予備の玉を 1 個袋に入れ，よくかき混ぜる。この試行を 3 回続けて行うとき，袋から取り出した 3 個の玉の中に赤玉が 2 個以上ある確率は $\dfrac{\boxed{サシ}}{\boxed{スセソ}}$ である。ただし，取り出した玉は袋に戻さないとする。

(4)　袋から玉を 3 個同時に取り出したが，そのうちの 1 個を紛失した。残った 2 個はどちらも赤玉であったとする。これら 3 個の玉は袋に戻っていないとする。この状態で，袋から新たに玉を 1 個取り出す。この新たに取り出した玉を A と呼ぶ。

　(i)　A が白玉である確率は $\dfrac{\boxed{タチ}}{\boxed{ツテ}}$ である。

　(ii)　A が白玉であったとき，紛失した玉も白玉である確率は $\dfrac{\boxed{ト}}{\boxed{ナニ}}$ である。

II (1) $-\dfrac{\pi}{2} \leqq x \leqq \dfrac{\pi}{2}$ において，関数

$$f(x) = \cos x \int_{-1}^{3} (\sin x - t\cos x)\, dt$$

を考える。

(i) $f\left(\dfrac{\pi}{6}\right) = \boxed{\text{アイ}} + \sqrt{\boxed{\text{ウ}}}$ である。

(ii) $f(x)$ の最大値は $\boxed{\text{エオ}} + \boxed{\text{カ}}\sqrt{\boxed{\text{キ}}}$ である。また，$f(x)$ が

最大となる x の値は $x = \dfrac{\boxed{\text{ク}}}{\boxed{\text{ケ}}}\pi$ である。

(2) $-\dfrac{\pi}{2} \leqq x \leqq \dfrac{\pi}{2}$ において，関数

$$g(x) = \cos x \int_{-1}^{3} |\sin x - t\cos x|\, dt$$

を考える。

(i) $g\left(-\dfrac{\pi}{3}\right) = \boxed{\text{コ}} + \sqrt{\boxed{\text{サ}}}$ である。

(ii) $g\left(\dfrac{\pi}{6}\right) = \boxed{\text{シ}} - \dfrac{\sqrt{\boxed{\text{ス}}}}{\boxed{\text{セ}}}$ である。

(iii) $g(x)$ の最大値は $\boxed{\text{ソ}} + \sqrt{\boxed{\text{タ}}}$ である。また，$g(x)$ が最大とな

る x の値は $\tan x = \boxed{\text{チ}} - \sqrt{\boxed{\text{ツ}}}$ を満たす。

III　2つの2次関数

$$f(x) = -\frac{1}{2}x^2 + x + \frac{3}{2}, \qquad g(x) = x^2 + 2x - 1$$

を考える。座標平面において, 2つの放物線 $y = f(x)$ と $y = g(x)$ の交点を x 座標が小さい順に A, B とする。

(1)　A の x 座標は $\dfrac{\boxed{\text{アイ}}}{\boxed{\text{ウ}}}$ であり, B の x 座標は $\boxed{\text{エ}}$ である。

(2)　直線 AB の傾きは $\dfrac{\boxed{\text{オ}}}{\boxed{\text{カ}}}$ である。

(3)　座標平面において, 連立不等式 $\begin{cases} y \leq f(x) \\ y \geq g(x) \end{cases}$ で表される領域を D とする。

　(i)　D の面積は $\dfrac{\boxed{\text{キクケ}}}{\boxed{\text{コサ}}}$ である。

　(ii)　点 (x, y) が D 上を動くとき, $-3x + 2y$ の最大値は $\dfrac{\boxed{\text{シス}}}{\boxed{\text{セ}}}$ であり, 最小値は $\dfrac{\boxed{\text{ソタチ}}}{\boxed{\text{ツ}}}$ である。

　(iii)　a を定数とする。点 (x, y) が D 上を動くとき, $ax + 2y$ の最小値が -6 であるとする。このとき, a のとりうる値のすべての和は

$$\boxed{\text{テトナ}} + \boxed{\text{ニ}}\sqrt{\boxed{\text{ヌ}}}$$

である。

1 月 29 日実施分　　解　答

◀数学Ⅰ・Ⅱ・Ⅲ・A・B▶

I **解答** (1) ア. 1　イ. 3　ウ. 8　エオ. 15
(2) カキ. 31　クケコ. 135

(3) サシ. 81　スセソ. 125

(4)(ⅰ) タチ. 13　ツテ. 42　(ⅱ) ト. 9　ナニ. 13

━━━━◀解　説▶━━━━

≪袋から赤玉と白玉を取り出すときの確率，条件付き確率≫

(1) 計 10 個の玉が入っている袋から玉を 2 個同時に取り出すとき，赤玉が 2 個出る確率は

$$\frac{{}_6\mathrm{C}_2}{{}_{10}\mathrm{C}_2} = \frac{6 \cdot 5}{10 \cdot 9} = \frac{1}{3} \quad (\to \text{ア，イ})$$

また，赤玉と白玉が 1 個ずつ出る確率は

$$\frac{6 \times 4}{{}_{10}\mathrm{C}_2} = \frac{8}{15} \quad (\to \text{ウ〜オ})$$

(2) 初めに取り出した玉が 2 個とも赤玉のときの確率は 　　$\dfrac{{}_6\mathrm{C}_2}{{}_{10}\mathrm{C}_2} \times \dfrac{5}{9}$

また初めに取り出した玉が 2 個とも白玉のときの確率は 　　$\dfrac{{}_4\mathrm{C}_2}{{}_{10}\mathrm{C}_2} \times \dfrac{3}{9}$

これらは互いに排反だから，求める確率は

$$\frac{{}_6\mathrm{C}_2}{{}_{10}\mathrm{C}_2} \times \frac{5}{9} + \frac{{}_4\mathrm{C}_2}{{}_{10}\mathrm{C}_2} \times \frac{3}{9} = \frac{6 \cdot 5 \cdot 5 + 4 \cdot 3 \cdot 3}{10 \cdot 9 \cdot 9} = \frac{31}{135} \quad (\to \text{カ〜コ})$$

(3) 袋から取り出した 3 個の玉の中に赤玉が 2 個以上あるのは，赤赤白，赤白赤，白赤赤，赤赤赤の順に取り出す場合であり，これらは互いに排反だから，求める確率は

$$\frac{6}{10} \times \frac{5}{10} \times \frac{6}{10} + \frac{6}{10} \times \frac{5}{10} \times \frac{6}{10} + \frac{4}{10} \times \frac{7}{10} \times \frac{6}{10} + \frac{6}{10} \times \frac{5}{10} \times \frac{4}{10}$$

$$= \frac{6 \cdot 5 \cdot 6 + 6 \cdot 5 \cdot 6 + 4 \cdot 7 \cdot 6 + 6 \cdot 5 \cdot 4}{10 \cdot 10 \cdot 10}$$

$$= \frac{6 \cdot 2 \cdot (15 + 15 + 14 + 10)}{10 \cdot 10 \cdot 10}$$

$$= \frac{81}{125} \quad (\rightarrow \text{サ} \sim \text{ソ})$$

(4)(i)　紛失した玉が赤玉で A が白玉である確率は

$$\frac{{}_6\mathrm{C}_3}{{}_{10}\mathrm{C}_3} \times \frac{4}{7} = \frac{6 \cdot 5 \cdot 4 \cdot 4}{10 \cdot 9 \cdot 8 \cdot 7}$$

また，紛失した玉が白玉で A も白玉である確率は

$$\frac{{}_6\mathrm{C}_2 \cdot 4}{{}_{10}\mathrm{C}_3} \times \frac{3}{7} = \frac{3 \cdot 6 \cdot 5 \cdot 4 \cdot 3}{10 \cdot 9 \cdot 8 \cdot 7}$$

これらは互いに排反だから，求める確率は

$$\frac{6 \cdot 5 \cdot 4 \cdot 4 + 3 \cdot 6 \cdot 5 \cdot 4 \cdot 3}{10 \cdot 9 \cdot 8 \cdot 7} = \frac{6 \cdot 5 \cdot 4 \cdot (4 + 9)}{10 \cdot 9 \cdot 8 \cdot 7} = \frac{13}{42} \quad (\rightarrow \text{タ} \sim \text{テ})$$

(ii)　求める確率は，A が白玉であるという条件のもとで，紛失した玉も A もいずれも白玉である条件付き確率であるから

$$\frac{\dfrac{{}_6\mathrm{C}_2 \cdot 4}{{}_{10}\mathrm{C}_3} \times \dfrac{3}{7}}{\dfrac{{}_6\mathrm{C}_3}{{}_{10}\mathrm{C}_3} \times \dfrac{4}{7} + \dfrac{{}_6\mathrm{C}_2 \cdot 4}{{}_{10}\mathrm{C}_3} \times \dfrac{3}{7}} = \frac{3 \cdot 6 \cdot 5 \cdot 4 \cdot 3}{6 \cdot 5 \cdot 4 \cdot (4 + 9)} = \frac{9}{13} \quad (\rightarrow \text{ト} \sim \text{ニ})$$

II　解答

(1)(i)　アイ．-3　ウ．3

(ii)　エオ．-2　カ．2　キ．2　ク．3　ケ．8

(2)(i)　コ．1　サ．3　(ii)　シ．4　ス．3　セ．2

(iii)　ソ．3　タ．5　チ．2　ツ．5

◀解　説▶

≪絶対値を含む式の定積分で得られる関数の最大値≫

(1)　$f(x) = \cos x \displaystyle\int_{-1}^{3} (\sin x - t\cos x)\, dt = \cos x \left[t\sin x - \frac{t^2}{2}\cos x \right]_{-1}^{3}$

$\qquad = \cos x \left\{ \left(3\sin x - \frac{9}{2}\cos x \right) - \left(-\sin x - \frac{1}{2}\cos x \right) \right\}$

$\qquad = 4\cos x (\sin x - \cos x)$

となるから

解答編

(i)　　$f\left(\dfrac{\pi}{6}\right)=4\cdot\dfrac{\sqrt{3}}{2}\cdot\left(\dfrac{1}{2}-\dfrac{\sqrt{3}}{2}\right)=-3+\sqrt{3}$　　（→ア～ウ）

(ii)　　$f(x)=4\cos x\,(\sin x-\cos x)=2\cdot2\sin x\cos x-4\cos^2x$

$$=2\sin 2x-4\cdot\dfrac{1+\cos 2x}{2}=2\sin 2x-2\cos 2x-2$$

より

$$f'(x)=4\cos 2x+4\sin 2x=4\sqrt{2}\,\sin\left(2x+\dfrac{\pi}{4}\right)$$

となり，$-\dfrac{\pi}{2}\leqq x\leqq\dfrac{\pi}{2}$ より，$-\dfrac{3}{4}\pi\leqq 2x+\dfrac{\pi}{4}\leqq\dfrac{5}{4}\pi$ だから

$f'(x)=0$ のとき　　$2x+\dfrac{\pi}{4}=0,\ \pi$

　$\therefore\ \ x=-\dfrac{\pi}{8},\ \dfrac{3}{8}\pi$

よって，$f(x)$ の増減表は下のようになる。

x	$-\dfrac{\pi}{2}$	$\cdots$	$-\dfrac{\pi}{8}$	$\cdots$	$\dfrac{3}{8}\pi$	$\cdots$	$\dfrac{\pi}{2}$
$f'(x)$		$-$	0	$+$	0	$-$	
$f(x)$	0	$\searrow$	最小	$\nearrow$	最大	$\searrow$	0

ゆえに，最大値は　　$-2+2\sqrt{2}$　　（→エ～キ）

このとき x の値は　　$x=\dfrac{3}{8}\pi$　　（→ク，ケ）

(2)　$-\dfrac{\pi}{2}<x<\dfrac{\pi}{2}$ において，$\sin x-t\cos x\geqq0$ のとき，$\tan x\geqq t$ であり，-1
$\leqq t\leqq3$ である。

　　　　$\tan x\leqq-1$

つまり，$-\dfrac{\pi}{2}<x\leqq-\dfrac{\pi}{4}$ のとき，$\sin x-t\cos x<0$ より，$g(x)=-f(x)$ だから

(i)　　$g\left(-\dfrac{\pi}{3}\right)=-f\left(-\dfrac{\pi}{3}\right)=-4\cdot\dfrac{1}{2}\cdot\left(-\dfrac{\sqrt{3}}{2}-\dfrac{1}{2}\right)$

$$=1+\sqrt{3}\ \ （→コ，サ）$$

また，$3<\tan x$ のときは，$\sin x-t\cos x>0$ より，$g(x)=f(x)$ である。
$-1<\tan x\leqq3$ のとき

$$g(x) = \cos x \left\{ \int_{-1}^{\tan x} (\sin x - t\cos x)\, dt + \int_{\tan x}^{3} (-\sin x + t\cos x)\, dt \right\}$$

$$= \cos x \left\{ \int_{-1}^{\tan x} (\sin x - t\cos x)\, dt + \int_{3}^{\tan x} (\sin x - t\cos x)\, dt \right\}$$

$$= \cos x \left\{ \left[t\sin x - \frac{t^2}{2}\cos x \right]_{-1}^{\tan x} + \left[t\sin x - \frac{t^2}{2}\cos x \right]_{3}^{\tan x} \right\}$$

$$= \cos x \left\{ 2\left(\tan x \sin x - \frac{\tan^2 x}{2}\cos x \right) \right.$$

$$\left. - \left(-\sin x - \frac{1}{2}\cos x + 3\sin x - \frac{9}{2}\cos x \right) \right\}$$

$$= 2\left(\sin^2 x - \frac{\sin^2 x}{2} \right) - 2\sin x \cos x + 5\cos^2 x$$

$$= \sin^2 x + \cos^2 x - 2\sin x \cos x + 4\cos^2 x$$

$$= 1 - \sin 2x + 4 \cdot \frac{1 + \cos 2x}{2}$$

$$= 3 - \sin 2x + 2\cos 2x \quad \cdots\cdots (\ast)$$

となるから

(ii) $\quad g\left(\dfrac{\pi}{6} \right) = 3 - \dfrac{\sqrt{3}}{2} + 1 = 4 - \dfrac{\sqrt{3}}{2} \quad (\to シ \sim セ)$

(iii) $\quad (\ast)$ より，$g'(x) = -2\cos 2x - 4\sin 2x = 0$ のとき

$$\tan 2x = -\frac{1}{2}$$

$$\tan 2x = \frac{2\tan x}{1 - \tan^2 x} = -\frac{1}{2}$$

$\therefore\quad \tan^2 x - 4\tan x - 1 = 0$

$-1 < \tan x \leqq 3$ より $\qquad \tan x = 2 - \sqrt{5}$

このとき $x = \alpha$ とおくと，$g(x)$ の増減表は下のようになる。

$\left(\beta\, は，\tan \beta = 3\, をみたす\, 0 < \beta < \dfrac{\pi}{2}\, の値 \right)$

x	$-\dfrac{\pi}{2}$	$\cdots$	$-\dfrac{\pi}{4}$	$\cdots$	α	$\cdots$	β	$\cdots$	$\dfrac{\pi}{2}$
$g'(x)$		$+$		$+$	0	$-$		$-$	
$g(x)$	0	$\nearrow$	4	$\nearrow$	最大	$\searrow$	$\dfrac{4}{5}$	$\searrow$	0

ここで，$\tan 2\alpha = -\dfrac{1}{2}$ のとき，$\sin 2\alpha = -\dfrac{1}{\sqrt{5}}$，$\cos 2\alpha = \dfrac{2}{\sqrt{5}}$ であるから，

求める最大値は

$$g(\alpha) = 3 + \frac{1}{\sqrt{5}} + 2 \cdot \frac{2}{\sqrt{5}} = 3 + \sqrt{5} \quad (\to \text{ソ，タ})$$

また，このときの x の値は，$\tan x = 2 - \sqrt{5}$ をみたす。（→チ，ツ）

III 解答

(1)　ア．3　イ．0　ウ．4　エ．3

(2)　オ．4　カ．0

(3)(i)　キ．−　ク．3　ケ．2　(ii)　コ．3　サ．3　シ．2

(iii)　ス．4　セソ．39　タチ．13　ツ．3

(4)　テト．15　ナ．−　ニヌ．15

━━━━━━━━◀解　説▶━━━━━━━━

≪楕円の接線，楕円上に頂点をもつ三角形の面積，準円の接線≫

(1)　楕円 C の長軸は x 軸上にあるから，
F の x 座標は

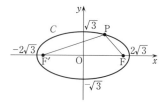

$\sqrt{12-3} = 3$ より　　F$(3, 0)$　（→ア，イ）

また，PF + PF′ は長軸の長さと一致する
から

$$PF + PF' = 2\sqrt{3} + 2\sqrt{3} = 4\sqrt{3} \quad (\to \text{ウ，エ})$$

(2)　$l : kx - y = 4k$ より，$y = k(x-4)$ となるから，求める定点の座標は
$$(4, 0) \quad (\to \text{オ，カ})$$

(3)(i)　C と l の方程式を連立させて

$$\frac{x^2}{12} + \frac{\{k(x-4)\}^2}{3} = 1$$

$$\Longleftrightarrow x^2 + 4k^2(x-4)^2 = 12$$

$$\Longleftrightarrow (1+4k^2)x^2 - 8 \cdot 4k^2 x + 16 \cdot 4k^2 - 12 = 0 \quad \cdots\cdots(*)$$

l が C に接するとき，2次方程式 $(*)$ が重解をも
つから，判別式を D_1 とすると

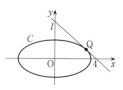

$$\frac{D_1}{4} = (4 \cdot 4k^2)^2 - (1+4k^2)(16 \cdot 4k^2 - 12) = 0$$

$k^2 = \dfrac{3}{4}$ かつ $k < 0$ だから

$$k = \dfrac{-\sqrt{3}}{2} \quad (\to キ \sim ケ)$$

(ii)　このとき($*$)の重解は，$x = \dfrac{4 \cdot 4k^2}{1 + 4k^2} = 3$ より

$$Q\left(3, \dfrac{\sqrt{3}}{2}\right) \quad (\to コ \sim シ)$$

(iii)　C 上 の 任 意 の 点 P は $(2\sqrt{3}\cos\theta,\ \sqrt{3}\sin\theta)$ と お け て，直 線

OQ：$y = \dfrac{\sqrt{3}}{6}x$，すなわち $\sqrt{3}x - 6y = 0$ との距離は

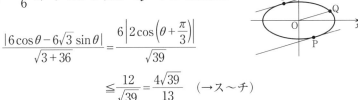

$$\dfrac{|6\cos\theta - 6\sqrt{3}\sin\theta|}{\sqrt{3 + 36}} = \dfrac{6\left|2\cos\left(\theta + \dfrac{\pi}{3}\right)\right|}{\sqrt{39}}$$

$$\leqq \dfrac{12}{\sqrt{39}} = \dfrac{4\sqrt{39}}{13} \quad (\to ス \sim チ)$$

このとき，$\triangle$OPQ の面積は

$$\dfrac{1}{2} \cdot OQ \cdot \dfrac{12}{\sqrt{39}} = \dfrac{1}{2} \cdot \dfrac{\sqrt{39}}{2} \cdot \dfrac{12}{\sqrt{39}} = 3 \quad (\to ツ)$$

(4)(i)　R$(a,\ b)$ $(a \neq \pm 2\sqrt{3},\ b \neq \pm\sqrt{3})$（複号任意）とおく。

点 R から C に引いた傾き m の直線を $y = m(x - a) + b$ とおき，C と連立
させて

$$\dfrac{x^2}{12} + \dfrac{\{m(x - a) + b\}^2}{3} = 1$$

$$\Longleftrightarrow x^2 + 4(mx + b - am)^2 = 12$$

$$\Longleftrightarrow (1 + 4m^2)x^2 + 4 \cdot 2m(b - am)x + 4(b - am)^2 - 12 = 0$$

接するから重解をもつので，判別式を D_2 とお
いて

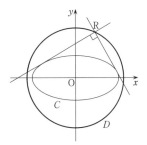

$$\dfrac{D_2}{4} = \{4m(b - am)\}^2$$

$$\qquad\qquad - (1 + 4m^2)\{4(b - am)^2 - 12\} = 0$$

$$\Longleftrightarrow 12 \cdot 4m^2 - 4(b - am)^2 + 12 = 0$$

$$\Longleftrightarrow (12 - a^2)m^2 + 2abm + 3 - b^2 = 0$$

この方程式の 2 解を m_1, m_2 とすると，直交するから解と係数の関係より

$$m_1 \times m_2 = \frac{3-b^2}{12-a^2} = -1$$

$$\therefore \quad a^2 + b^2 = 15$$

上式は，$a = \pm 2\sqrt{3}$, $b = \pm \sqrt{3}$（複号任意）のときも成り立つ。

よって，点 R の軌跡 D は円 $x^2 + y^2 = 15$ となるから，x 軸の正の部分の交点の x 座標は　　　$\sqrt{15}$　（→テト）

(ii)　D と l が接するとき，D の中心と l との距離は半径 $\sqrt{15}$ に等しいので

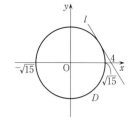

$$\frac{|-4k|}{\sqrt{k^2+1}} = \sqrt{15} \Longleftrightarrow 16k^2 = 15(k^2+1)$$

$$\therefore \quad k^2 = 15$$

$k < 0$ だから　　　$k = -\sqrt{15}$　（→ナ〜ヌ）

◀数学Ⅰ・Ⅱ・Ａ・Ｂ▶

Ⅰ
◀数学Ⅰ・Ⅱ・Ⅲ・Ａ・Ｂ▶Ⅰに同じ。

Ⅱ
◀数学Ⅰ・Ⅱ・Ⅲ・Ａ・Ｂ▶Ⅱに同じ。

Ⅲ　解答

(1)　アイ．-5　ウ．3　エ．1

(2)　オ．4　カ．3

(3)(ⅰ)　キクケ．128　コサ．27

(ⅱ)　シス．13　セ．4　ソタチ．-17　ツ．8

(ⅲ)　テトナ．-14　ニ．4　ヌ．2

■■■■■◀解　説▶■■■■■

≪2つの放物線で囲まれた領域の面積と1次式の最大値・最小値≫

(1)　$f(x)$ と $g(x)$ を連立させて

$$-\frac{1}{2}x^2+x+\frac{3}{2}=x^2+2x-1$$

$$\Longleftrightarrow 3x^2+2x-5=0$$

$$\Longleftrightarrow (3x+5)(x-1)=0$$

$$\therefore\ x=-\frac{5}{3},\ 1$$

ゆえに，A の x 座標は　$\dfrac{-5}{3}$　（→ア～ウ）

B の x 座標は　1　（→エ）

(2)　A，B の座標は，$A\left(-\dfrac{5}{3},\ -\dfrac{14}{9}\right)$，$B(1,\ 2)$ となるから，直線 AB の傾きは

$$\frac{2+\dfrac{14}{9}}{1+\dfrac{5}{3}}=\frac{18+14}{9+15}=\frac{4}{3}\quad（→オ，カ）$$

(3)(i)　領域 D は，右図の網かけ部分だから，その面積は

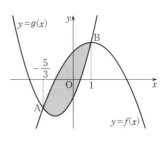

$$\int_{-\frac{5}{3}}^{1}\left\{-\frac{1}{2}x^2+x+\frac{3}{2}-(x^2+2x-1)\right\}dx$$

$$=\int_{-\frac{5}{3}}^{1}\left(-\frac{3}{2}x^2-x+\frac{5}{2}\right)dx$$

$$=-\frac{3}{2}\int_{-\frac{5}{3}}^{1}\left(x+\frac{5}{3}\right)(x-1)\,dx$$

$$=\frac{3}{2}\cdot\frac{1}{6}\left(1+\frac{5}{3}\right)^3$$

$$=\frac{128}{27}\quad(\rightarrow キ～サ)$$

(ii)　$-3x+2y=k$ とおく。直線 $y=\dfrac{3}{2}x+\dfrac{k}{2}$ ……① が領域 D と共有点を

もち，かつ y 切片 $\dfrac{k}{2}$ が最大となるのは $y=f(x)$ に接するときであるから，

$f'(x)=-x+1=\dfrac{3}{2}$ より

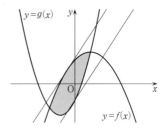

$$x=-\frac{1}{2},\ y=f\left(-\frac{1}{2}\right)=\frac{7}{8}$$

ゆえに，求める最大値は

$$-3\cdot\left(-\frac{1}{2}\right)+2\cdot\frac{7}{8}=\frac{13}{4}\quad(\rightarrow シ～セ)$$

また，最小となるのは直線①が $y=g(x)$ に接するときであるから，

$g'(x)=2x+2=\dfrac{3}{2}$ より

$$x=-\frac{1}{4},\ y=g\left(-\frac{1}{4}\right)=-\frac{23}{16}$$

ゆえに，求める最小値は

$$-3\cdot\left(-\frac{1}{4}\right)+2\cdot\left(-\frac{23}{16}\right)=\frac{-17}{8}\quad(\rightarrow ソ～ツ)$$

(iii)　題意をみたす条件は，領域 D が領域 $ax+2y\geqq-6$ にすべて含まれ，かつ D と直線 $ax+2y=-6$ ……② が共有点をもつときであるから，②と $y=g(x)$ を連立させて

$$-\frac{a}{2}x-3=x^2+2x-1 \Longleftrightarrow 2x^2+(a+4)x+4=0$$

ここで，接するときは重解をもつので

$$(a+4)^2-4\cdot2\cdot4=0$$

$$(a+4)^2=4^2\cdot2 \Longleftrightarrow a+4=\pm4\sqrt{2}$$

$$\therefore \quad a=-4\pm4\sqrt{2}$$

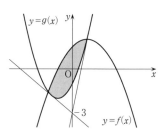

このとき重解は接点の x 座標で

$$x=\frac{-(a+4)}{2\cdot2}=\mp\sqrt{2} \quad (\text{複号同順})$$

ここで，$x=-\sqrt{2}$ のときは領域 D 内に含まれるので，$a=-4+4\sqrt{2}$ は適するが，$x=\sqrt{2}$ は領域 D 内に含まれないので，②が点 B を通るとき，すなわち

$$a\cdot1+2\cdot2=-6 \qquad \therefore \quad a=-10$$

が適する。

以上より，a のとりうる値のすべての和は　　$-14+4\sqrt{2}$　（→テ～ヌ）

2月11日実施分　問　題

2月11日

問題編

注　　意

　問題の文中の $\boxed{\ \text{ア}\ }$ ，$\boxed{\ \text{イウ}\ }$ などの $\boxed{}$ には，特に指示のないかぎり，数値または符号（ - ）が入る。これらを次の方法で解答用紙の指定欄にマークせよ。

(1) ア，イ，ウ，…の一つ一つは，それぞれ 0 から 9 までの数字，または - の符号のいずれか一つに対応する。それらをア，イ，ウ，…で示された解答欄にマークする。

〔例〕 $\boxed{\ \text{アイ}\ }$ に - 8 と答えたいとき

ア	● ⓪ ① ② ③ ④ ⑤ ⑥ ⑦ ⑧ ⑨
イ	⊖ ⓪ ① ② ③ ④ ⑤ ⑥ ⑦ ● ⑨

(2) 分数形が解答で求められているときは，既約分数（それ以上約分できない分数）で答える。符号は分子につけ，分母につけてはならない。

〔例〕 $\dfrac{\boxed{\ \text{ウエ}\ }}{\boxed{\ \text{オ}\ }}$ に $-\dfrac{4}{5}$ と答えたいとき

ウ	● ⓪ ① ② ③ ④ ⑤ ⑥ ⑦ ⑧ ⑨
エ	⊖ ⓪ ① ② ③ ● ⑤ ⑥ ⑦ ⑧ ⑨
オ	⊖ ⓪ ① ② ③ ④ ● ⑥ ⑦ ⑧ ⑨

(3) 根号を含む形で解答する場合は，根号の中に現れる自然数が最小となる形で答える。例えば，$\boxed{\ \text{カ}\ }\sqrt{\boxed{\ \text{キ}\ }}$ に $4\sqrt{2}$ と答えるところを，$2\sqrt{8}$ のように答えてはならない。

(4) 分数形で根号を含む形で解答する場合，$\dfrac{\boxed{\ \text{ク}\ }+\boxed{\ \text{ケ}\ }\sqrt{\boxed{\ \text{コ}\ }}}{\boxed{\ \text{サ}\ }}$ に

$\dfrac{3+2\sqrt{2}}{2}$ と答えるところを，$\dfrac{6+4\sqrt{2}}{4}$ や $\dfrac{6+2\sqrt{8}}{4}$ のように答えてはならない。

◀数学 I・II・III・A・B▶

(60 分)

I　次の条件によって定められる数列 $\{a_n\}$ を考える。

$$\sum_{k=1}^{n} 2^{-k} k(k+1) a_k = \frac{1}{2} n(n-1) + 2 \qquad (n = 1, 2, 3, \cdots \cdots)$$

また，$\{a_n\}$ の初項から第 n 項までの和を S_n とする。

(1)　自然数 n に対して，$b_n = 2^{-n} n(n+1) a_n$ とおくと

$$b_1 = p, \qquad b_n = qn + r \quad (n = 2, 3, 4, \cdots \cdots)$$

(p, q, r は定数) と表される。このとき，$p = \boxed{ \text{ア} }$，$q = \boxed{ \text{イ} }$，$r = \boxed{ \text{ウエ} }$ である。

(2)　$a_1 = \boxed{ \text{オ} }$，$a_2 = \dfrac{\boxed{\text{カ}}}{\boxed{\text{キ}}}$，$a_9 = \dfrac{\boxed{\text{クケコサ}}}{\boxed{\text{シス}}}$ である。

(3)　$S_1 = \boxed{ \text{セ} }$，$S_2 = \dfrac{\boxed{\text{ソ}}}{\boxed{\text{タ}}}$，$S_9 = \dfrac{\boxed{\text{チツテ}}}{\boxed{\text{ト}}}$ である。

(4)　$S_n > 2023$ を満たす最小の自然数 n は $\boxed{ \text{ナニ} }$ である。

(5)　$S_n > 10^{2023}$ を満たす最小の自然数 n は 4 桁の数である。その 4 桁の数の千の位の数字は $\boxed{ \text{ヌ} }$ であり，百の位の数字は $\boxed{ \text{ネ} }$ である。ただし，$\log_{10} 2 = 0.3010$ とする。

II　△OAB において

$$|\overrightarrow{\mathrm{OA}}| = 2, \quad |\overrightarrow{\mathrm{OB}}| = 4, \quad \cos\angle\mathrm{AOB} = \frac{1}{4}$$

とする。∠AOB の二等分線と辺 AB の交点を C とし，点 D は等式

$$2\overrightarrow{\mathrm{OA}} + \overrightarrow{\mathrm{OB}} - 4\overrightarrow{\mathrm{OD}} = \vec{0}$$

を満たすとする。3 点 A, C, D を通る円 S と辺 OA との交点のうち，A と異なる点を E とする。E から線分 OC に垂線 EH を下ろし，線分 EH と S の交点のうち，E と異なる点を F とする。

(1)　$\overrightarrow{\mathrm{OC}}$ を $\overrightarrow{\mathrm{OA}}$ と $\overrightarrow{\mathrm{OB}}$ を用いて表すと，$\overrightarrow{\mathrm{OC}} = \dfrac{\boxed{\text{ア}}}{\boxed{\text{イ}}}\overrightarrow{\mathrm{OA}} + \dfrac{\boxed{\text{ウ}}}{\boxed{\text{エ}}}\overrightarrow{\mathrm{OB}}$ で

あり，$|\overrightarrow{\mathrm{OC}}| = \dfrac{\boxed{\text{オ}}\sqrt{\boxed{\text{カキ}}}}{\boxed{\text{ク}}}$ である。

(2)　$\overrightarrow{\mathrm{OD}} = \dfrac{\boxed{\text{ケ}}}{\boxed{\text{コ}}}\overrightarrow{\mathrm{OC}}$ であり，$\angle\mathrm{ADO} = \dfrac{\boxed{\text{サ}}}{\boxed{\text{シ}}}\pi$ である。

　　ただし，$0 < \angle\mathrm{ADO} < \pi$ とする。

(3)　$\overrightarrow{\mathrm{OE}} = \dfrac{\boxed{\text{ス}}}{\boxed{\text{セ}}}\overrightarrow{\mathrm{OA}}$ である。

(4)　$\dfrac{\mathrm{EF}}{\mathrm{AD}} = \dfrac{\boxed{\text{ソ}}}{\boxed{\text{タ}}}$ である。また，$\overrightarrow{\mathrm{OF}}$ を $\overrightarrow{\mathrm{OA}}$ と $\overrightarrow{\mathrm{OB}}$ を用いて表すと

$$\overrightarrow{\mathrm{OF}} = \dfrac{\boxed{\text{チ}}}{\boxed{\text{ツ}}}\overrightarrow{\mathrm{OA}} + \dfrac{\boxed{\text{テ}}}{\boxed{\text{ト}}}\overrightarrow{\mathrm{OB}}$$

である。

III　$x > 0$ において，関数

$$f(x) = \frac{3}{x}$$

を考える。座標平面において，曲線 $y = f(x)$ を S とする。S 上の点 A$(2, f(2))$ における接線を ℓ とし，ℓ と x 軸の交点を B とする。B を通り ℓ に垂直な直線を m とし，m と S の交点を C とする。

(1)　ℓ の方程式は $y = \dfrac{\boxed{アイ}}{\boxed{ウ}} x + \boxed{エ}$ である。

(2)　B の x 座標は $\boxed{オ}$ である。

(3)　m の方程式は $y = \dfrac{\boxed{カ}}{\boxed{キ}} x - \dfrac{\boxed{クケ}}{\boxed{コ}}$ である。

(4)　C の x 座標は $\dfrac{\boxed{サ}}{\boxed{シ}}$ である。

(5)　S, ℓ, m で囲まれた部分の面積は $\dfrac{\boxed{スセ}}{\boxed{ソ}} + \log \dfrac{\boxed{タチツ}}{\boxed{テト}}$ である。ただし，対数は自然対数とする。

(6)　S, ℓ, m で囲まれた部分を x 軸の周りに 1 回転させてできる立体の体積は $\dfrac{\boxed{ナニ}}{\boxed{ヌネ}} \pi$ である。

◀数学 I・II・A・B▶

(60 分)

I　次の条件によって定められる数列 $\{a_n\}$ を考える。

$$\sum_{k=1}^{n} 2^{-k} k\,(k+1)\,a_k = \frac{1}{2} n(n-1) + 2 \qquad (n = 1, 2, 3, \cdots\cdots)$$

また，$\{a_n\}$ の初項から第 n 項までの和を S_n とする。

(1)　自然数 n に対して，$b_n = 2^{-n} n\,(n+1)\,a_n$ とおくと

$$b_1 = p, \qquad b_n = qn + r \quad (n = 2, 3, 4, \cdots\cdots)$$

(p, q, r は定数) と表される。このとき，$p = \boxed{\text{ア}}$，$q = \boxed{\text{イ}}$，$r = \boxed{\text{ウエ}}$ である。

(2)　$a_1 = \boxed{\text{オ}}$，$a_2 = \dfrac{\boxed{\text{カ}}}{\boxed{\text{キ}}}$，$a_9 = \dfrac{\boxed{\text{クケコサ}}}{\boxed{\text{シス}}}$ である。

(3)　$S_1 = \boxed{\text{セ}}$，$S_2 = \dfrac{\boxed{\text{ソ}}}{\boxed{\text{タ}}}$，$S_9 = \dfrac{\boxed{\text{チツテ}}}{\boxed{\text{ト}}}$ である。

(4)　$S_n > 2023$ を満たす最小の自然数 n は $\boxed{\text{ナニ}}$ である。

(5)　$S_n > 10^{2023}$ を満たす最小の自然数 n は 4 桁の数である。その 4 桁の数の千の位の数字は $\boxed{\text{ヌ}}$ であり，百の位の数字は $\boxed{\text{ネ}}$ である。ただし，$\log_{10} 2 = 0.3010$ とする。

II　△OAB において

$$|\overrightarrow{OA}| = 2, \quad |\overrightarrow{OB}| = 4, \quad \cos\angle AOB = \frac{1}{4}$$

とする。∠AOB の二等分線と辺 AB の交点を C とし，点 D は等式

$$2\overrightarrow{OA} + \overrightarrow{OB} - 4\overrightarrow{OD} = \vec{0}$$

を満たすとする。3 点 A, C, D を通る円 S と辺 OA との交点のうち，A と異なる点を E とする。E から線分 OC に垂線 EH を下ろし，線分 EH と S の交点のうち，E と異なる点を F とする。

(1)　$\overrightarrow{OC}$ を $\overrightarrow{OA}$ と $\overrightarrow{OB}$ を用いて表すと，$\overrightarrow{OC} = \dfrac{\boxed{ア}}{\boxed{イ}}\overrightarrow{OA} + \dfrac{\boxed{ウ}}{\boxed{エ}}\overrightarrow{OB}$ であり，$|\overrightarrow{OC}| = \dfrac{\boxed{オ}\sqrt{\boxed{カキ}}}{\boxed{ク}}$ である。

(2)　$\overrightarrow{OD} = \dfrac{\boxed{ケ}}{\boxed{コ}}\overrightarrow{OC}$ であり，$\angle ADO = \dfrac{\boxed{サ}}{\boxed{シ}}\pi$ である。

ただし，$0 < \angle ADO < \pi$ とする。

(3)　$\overrightarrow{OE} = \dfrac{\boxed{ス}}{\boxed{セ}}\overrightarrow{OA}$ である。

(4)　$\dfrac{EF}{AD} = \dfrac{\boxed{ソ}}{\boxed{タ}}$ である。また，$\overrightarrow{OF}$ を $\overrightarrow{OA}$ と $\overrightarrow{OB}$ を用いて表すと

$$\overrightarrow{OF} = \dfrac{\boxed{チ}}{\boxed{ツ}}\overrightarrow{OA} + \dfrac{\boxed{テ}}{\boxed{ト}}\overrightarrow{OB}$$

である。

III 　関数 $f(x)$ が等式

$$f(x) - \frac{2}{3}\int_0^1 f(t)\,dt = \frac{3}{2}x^2 + 6x + \frac{2}{3}$$

を満たしているとする。座標平面において，曲線 $y = f(x)$ を C とする。

(1) (i) $f(x)$ の導関数は $f'(x) = \boxed{\text{ア}}\,x + \boxed{\text{イ}}$ である。

　(ii) $f(0) = \boxed{\text{ウ}}$ である。

　(iii) C の頂点の座標は $\left(\boxed{\text{エオ}},\ \boxed{\text{カ}}\right)$ である。

(2)　座標平面において，C を x 軸方向に 4，y 軸方向に -3 だけ平行移動して得られる曲線を D とする。C と D の交点の x 座標は $\dfrac{\boxed{\text{キク}}}{\boxed{\text{ケ}}}$ である。

(3)　座標平面において，点 $(0, -7)$ を通り C に接する 2 つの直線を ℓ, m とする。ただし，ℓ の傾きは m の傾きよりも大きいとする。

　(i) ℓ の傾きは $\boxed{\text{コ}} + \boxed{\text{サ}}\sqrt{\boxed{\text{シ}}}$ であり，ℓ と C の接点の x 座標は $\dfrac{\boxed{\text{ス}}\sqrt{\boxed{\text{セ}}}}{\boxed{\text{ソ}}}$ である。

　(ii) C, ℓ, m で囲まれた図形の面積は $\dfrac{\boxed{\text{タチツ}}\sqrt{\boxed{\text{テ}}}}{\boxed{\text{ト}}}$ である。

2 月 11 日実施分

解　答

◀数学 I・II・III・A・B▶

I　解答

(1)　ア. 2　イ. 1　ウエ. −1

(2)　オ. 2　カ. 2　キ. 3　クケコサ. 2048
シス. 45

(3)　セ. 2　ソ. 8　タ. 3　チツテ. 512　ト. 5

(4)　ナニ. 14

(5)　ヌ. 6　ネ. 7

━━━━◀解　説▶━━━━

≪第 n 項までの和から求める一般項と不等式をみたす最小の n≫

(1)　$b_k = 2^{-k}k(k+1)a_k$ より，$\sum_{k=1}^{n} b_k = \dfrac{1}{2}n(n-1)+2 = T_n$ とおくと

$$b_1 = T_1 = \frac{1}{2}\cdot 1\cdot 0 + 2 = 2$$

となるから　　$p=2$　（→ア）

また，$n \geq 2$ のとき

$$b_n = T_n - T_{n-1}$$

$$= \frac{1}{2}n(n-1)+2-\left\{\frac{1}{2}(n-1)(n-2)+2\right\}$$

$$= \frac{1}{2}(n-1)\{n-(n-2)\} = n-1$$

となるから

　　　$q=1,\ r=-1$　（→イ〜エ）

(2)　$b_1 = 2^{-1}\cdot 1\cdot 2\cdot a_1 = 2$ より　　$a_1 = 2$　（→オ）

ここで，$b_n = 2^{-n}n(n+1)a_n = n-1$ $(n \geq 2)$ より，$a_n = \dfrac{(n-1)2^n}{n(n+1)}$ となるから

$$a_2 = \frac{1 \cdot 2^2}{2 \cdot 3} = \frac{2}{3} \quad (\rightarrow カ, キ)$$

$$a_9 = \frac{8 \cdot 2^9}{9 \cdot 10} = \frac{2048}{45} \quad (\rightarrow ク \sim ス)$$

(3)　$S_1 = a_1 = 2 \quad (\rightarrow セ)$

$$S_2 = a_1 + a_2 = 2 + \frac{2}{3} = \frac{8}{3} \quad (\rightarrow ソ, タ)$$

ここで，$n \geq 2$ のとき

$$a_n = \frac{(n-1)2^n}{n(n+1)} = \left(\frac{2}{n+1} - \frac{1}{n}\right)2^n = \left(\frac{2^{n+1}}{n+1} - \frac{2^n}{n}\right)$$

と変形できるから

$$S_n = 2 + \left(\frac{2^3}{3} - \frac{2^2}{2}\right) + \left(\frac{2^4}{4} - \frac{2^3}{3}\right) + \cdots + \left(\frac{2^n}{n} - \frac{2^{n-1}}{n-1}\right) + \left(\frac{2^{n+1}}{n+1} - \frac{2^n}{n}\right)$$

$$= 2 - \frac{2^2}{2} + \frac{2^{n+1}}{n+1}$$

より，$S_n = \dfrac{2^{n+1}}{n+1}$ となる。

ゆえに　　$S_9 = \dfrac{2^{10}}{10} = \dfrac{2^9}{5} = \dfrac{512}{5} \quad (\rightarrow チ \sim ト)$

(4)　$S_{13} = \dfrac{2^{14}}{14} = 1170.2\cdots, \ S_{14} = \dfrac{2^{15}}{15} = 2184.5\cdots$ であるから

$S_n = \dfrac{2^{n+1}}{n+1} > 2023$ をみたす最小の自然数 n は　　14　$(\rightarrow ナニ)$

(5)　$S_n > 10^{2023}$

$$\frac{2^{n+1}}{n+1} > 10^{2023}$$

両辺の常用対数をとると

$$\log_{10} \frac{2^{n+1}}{n+1} > \log_{10} 10^{2023}$$

$$(n+1)\log_{10} 2 - \log_{10}(n+1) > 2023$$

求める n は4桁の数であるから，$3 < \log_{10}(n+1) \leq 4$ であり，$n = 1000$ のとき

$$(1000+1) \times 0.3010 - \log_{10}(1000+1) = 301.301 - \log_{10} 1001$$

であるから，297.301 より大きく 298.301 より小さい。

$(2023-297.301)\div0.3010=5733\cdots,\ (2023-298.301)\div0.3010=5729\cdots$ であるから，その4桁の数は $1000+5730=6730$ 以上，$1000+5733=6733$ 以下。千の位の数字は6であり，百の位の数字は7である。 （→ヌ，ネ）

II 解答

(1) ア．2 イ．3 ウ．1 エ．3 オ．2 カキ．10 ク．3

(2) ケ．3 コ．4 サ．1 シ．2

(3) ス．5 セ．6

(4) ソ．2 タ．3 チ．1 ツ．2 テ．1 ト．6

━━━━ ◀解 説▶ ━━━━

≪平面図形におけるベクトルの式と辺の長さの比≫

(1) 線分 OC は∠AOB の二等分線だから，AC：CB＝OA：OB＝1：2 より

$$\overrightarrow{OC}=\frac{2}{3}\overrightarrow{OA}+\frac{1}{3}\overrightarrow{OB} \quad (\to \text{ア} \sim \text{エ})$$

また

$$|\overrightarrow{OC}|^2=\left|\frac{2\overrightarrow{OA}+\overrightarrow{OB}}{3}\right|^2=\frac{4|\overrightarrow{OA}|^2+|\overrightarrow{OB}|^2+4\overrightarrow{OA}\cdot\overrightarrow{OB}}{3^2}$$

$$=\frac{4\cdot2^2+4^2+4\cdot2\cdot4\cdot\frac{1}{4}}{3^2}=\frac{4\cdot10}{3^2} \text{ となるから}$$

$$|\overrightarrow{OC}|=\frac{2\sqrt{10}}{3} \quad (\to \text{オ} \sim \text{ク})$$

(2) 与式より，$\overrightarrow{OD}=\frac{2}{4}\overrightarrow{OA}+\frac{1}{4}\overrightarrow{OB}$ となるから

$$\overrightarrow{OD}=\frac{3}{4}\overrightarrow{OC} \quad (\to \text{ケ，コ})$$

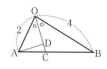

ここで

$$\overrightarrow{AD}\cdot\overrightarrow{OD}=(\overrightarrow{OD}-\overrightarrow{OA})\cdot\overrightarrow{OD}$$

$$=\left(-\frac{1}{2}\overrightarrow{OA}+\frac{1}{4}\overrightarrow{OB}\right)\cdot\left(\frac{1}{2}\overrightarrow{OA}+\frac{1}{4}\overrightarrow{OB}\right)$$

$$=-\frac{1}{4}|\overrightarrow{OA}|^2+\frac{1}{16}|\overrightarrow{OB}|^2$$

$$= -\frac{1}{4}\cdot 2^2 + \frac{1}{16}\cdot 4^2 = 0$$

となるから

$$\angle \mathrm{ADO} = \frac{1}{2}\pi \quad (\to \text{サ，シ})$$

(3)　方べきの定理より，$\mathrm{OE}\cdot\mathrm{OA} = \mathrm{OD}\cdot\mathrm{OC}$ が成り立つから

$$2\mathrm{OE} = \frac{3}{4}\mathrm{OC}^2 = \frac{3}{4}\cdot\frac{4\cdot10}{3^2} = \frac{10}{3}$$

$$\therefore \quad \mathrm{OE} = \frac{5}{3} = \frac{5}{6}\mathrm{OA}$$

ゆえに　　$\overrightarrow{\mathrm{OE}} = \dfrac{5}{6}\overrightarrow{\mathrm{OA}} \quad (\to \text{ス，セ})$

(4)　△OAD は直角三角形だから，

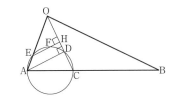

$$\mathrm{OD} = \frac{3}{4}\mathrm{OC} = \frac{\sqrt{10}}{2} = \frac{\sqrt{5}}{\sqrt{2}} \text{ より}$$

$$\mathrm{AD}^2 = \mathrm{OA}^2 - \mathrm{OD}^2 = 2^2 - \frac{5}{2} = \frac{3}{2}$$

$$\therefore \quad \mathrm{AD} = \frac{\sqrt{3}}{\sqrt{2}}$$

ここで，△OEH∽△OAD より

$$\mathrm{EH}:\mathrm{AD} = \mathrm{OE}:\mathrm{OA} = 5:6$$

であり，$\mathrm{OH}:\mathrm{OD} = 5:6$ かつ $\mathrm{OD}:\mathrm{OC} = 3:4 = 6:8$ より

$$\mathrm{OH}:\mathrm{HD}:\mathrm{DC} = 5:1:2$$

また，方べきの定理より，$\mathrm{FH}\cdot\mathrm{EH} = \mathrm{HD}\cdot\mathrm{HC}$ が成り立つから

$$\mathrm{FH}\cdot\frac{5}{6}\mathrm{AD} = \frac{1}{6}\cdot\frac{3}{6}\cdot\mathrm{OD}^2 = \frac{1}{12}\left(\frac{\sqrt{5}}{\sqrt{3}}\mathrm{AD}\right)^2 = \frac{5}{12\cdot3}\mathrm{AD}^2$$

$\mathrm{FH} = \dfrac{1}{6}\mathrm{AD}$ となるから

$$\frac{\mathrm{EF}}{\mathrm{AD}} = \frac{\mathrm{EH}-\mathrm{FH}}{\mathrm{AD}} = \frac{5-1}{6} = \frac{2}{3} \quad (\to \text{ソ，タ})$$

また，$\mathrm{EF}:\mathrm{FH} = 4:1$ より

$$\overrightarrow{\mathrm{OF}} = \frac{1}{5}\overrightarrow{\mathrm{OE}} + \frac{4}{5}\overrightarrow{\mathrm{OH}} = \frac{1}{5}\cdot\frac{5}{6}\overrightarrow{\mathrm{OA}} + \frac{4}{5}\cdot\frac{5}{8}\overrightarrow{\mathrm{OC}}$$

$$= \frac{1}{6}\overrightarrow{OA} + \frac{1}{2}\left(\frac{2}{3}\overrightarrow{OA} + \frac{1}{3}\overrightarrow{OB}\right)$$

$$= \frac{1}{2}\overrightarrow{OA} + \frac{1}{6}\overrightarrow{OB} \quad (\to \text{チ} \sim \text{ト})$$

III 解答

(1) アイ．-3　ウ．4　エ．3

(2) オ．4

(3) カ．4　キ．3　クケ．16　コ．3

(4) サ．9　シ．2

(5) スセ．-5　ソ．3　タチツ．729　テト．64

(6) ナニ．25　ヌネ．27

◀解　説▶

≪曲線の接線と直交する直線で囲まれた図形の面積，回転体の体積≫

(1) $f'(x) = -\dfrac{3}{x^2}$ より，$f'(2) = -\dfrac{3}{4}$ となるから，求める接線 l の方程式は

$$y = -\frac{3}{4}(x-2) + \frac{3}{2}$$

$$\therefore \quad y = \frac{-3}{4}x + 3 \quad (\to \text{ア} \sim \text{エ})$$

(2) l の方程式より　　　$0 = -\dfrac{3}{4}x + 3$

$$\therefore \quad x = 4 \quad (\to \text{オ})$$

(3) 直線 m は点 $(4, 0)$ を通り，l と直交するから

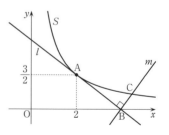

$$m : y = \frac{4}{3}(x-4)$$

$$\therefore \quad y = \frac{4}{3}x - \frac{16}{3} \quad (\to \text{カ} \sim \text{コ})$$

(4) 曲線 $y = f(x)$ と直線 m の式を連立させて

$$\frac{3}{x} = \frac{4}{3}x - \frac{16}{3} \quad (x > 0)$$

$$\Longleftrightarrow 4x^2 - 16x - 9 = 0 \quad (x > 0)$$

$$\Longleftrightarrow (2x+1)(2x-9) = 0 \quad (x > 0)$$

$x > 0$ より $\qquad x = \dfrac{9}{2}$ （→サ，シ）

(5) 題意の部分は右図の網かけ部分であり，

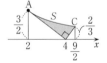

$\displaystyle\int_2^{\frac{9}{2}} f(x)\,dx$ から 2 つの三角形の面積を引いて

$$\int_2^{\frac{9}{2}} \frac{3}{x}\,dx - \left(\frac{1}{2}\cdot 2\cdot\frac{3}{2} + \frac{1}{2}\cdot\frac{1}{2}\cdot\frac{2}{3}\right)$$

$$= \left[3\log x\right]_2^{\frac{9}{2}} - \frac{1}{2}\left(3 + \frac{1}{3}\right)$$

$$= 3\left(\log\frac{9}{2} - \log 2\right) - \frac{5}{3}$$

$$= 3\log\frac{9}{4} - \frac{5}{3}$$

$$= -\frac{5}{3} + \log\left(\frac{9}{4}\right)^3$$

$$= \frac{-5}{3} + \log\frac{729}{64} \quad （→ス〜ト）$$

(6) 求める立体の体積を V とおく。

$y = \dfrac{3}{x}\;\left(2 \leqq x \leqq \dfrac{9}{2}\right)$ を x 軸の周りに 1 回転

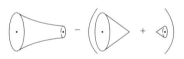

させてできた立体の体積から，2 つの円錐の体積を引いて

$$\frac{V}{\pi} = \int_2^{\frac{9}{2}}\left(\frac{3}{x}\right)^2 dx - \left(\frac{1}{3}\cdot\frac{9}{4}\cdot 2 + \frac{1}{3}\cdot\frac{4}{9}\cdot\frac{1}{2}\right)$$

$$= \left[-\frac{9}{x}\right]_2^{\frac{9}{2}} - \frac{1}{3}\left(\frac{9}{2} + \frac{2}{9}\right) = \left(-2 + \frac{9}{2}\right) - \frac{1}{3}\cdot\frac{81 + 4}{2\cdot 9}$$

$$= \frac{5}{2} - \frac{85}{3\cdot 2\cdot 9} = \frac{5\cdot 27 - 85}{3\cdot 2\cdot 9}$$

$$= \frac{50}{3\cdot 2\cdot 9} = \frac{25}{27}$$

よって

$$V = \frac{25}{27}\pi \quad （→ナ〜ネ）$$

◀数学Ⅰ・Ⅱ・A・B▶

Ⅰ

◀数学Ⅰ・Ⅱ・Ⅲ・A・B▶Ⅰに同じ。

Ⅱ

◀数学Ⅰ・Ⅱ・Ⅲ・A・B▶Ⅱに同じ。

Ⅲ 解答

(1)(i) ア. 3　イ. 6　(ii) ウ. 9
(iii) エオ. −2　カ. 3
(2) キク. −1　ケ. 4
(3)(i) コ. 6　サ. 4　シ. 6　ス. 4　セ. 6　ソ. 3
(ii) タチツ. 128　テ. 6　ト. 9

━━━━━━ ◀解　説▶ ━━━━━━

≪定積分で表された 2 次関数，放物線と接線で囲まれた図形の面積≫

(1) $f(x) = \dfrac{3}{2}x^2 + 6x + \dfrac{2}{3} + \dfrac{2}{3}\displaystyle\int_0^1 f(t)\,dt$ より，$\displaystyle\int_0^1 f(t)\,dt = k$（定数）とおく。

(i) $f(x) = \dfrac{3}{2}x^2 + 6x + \dfrac{2}{3}(1+k)$ より

$$f'(x) = 3x + 6 \quad (\to ア，イ)$$

(ii) $$k = \int_0^1 f(t)\,dt = \int_0^1 \left\{ \dfrac{3}{2}t^2 + 6t + \dfrac{2}{3}(1+k) \right\} dt$$

$$= \left[\dfrac{1}{2}t^3 + 3t^2 + \dfrac{2}{3}(1+k)\,t \right]_0^1$$

$$= \dfrac{1}{2} + 3 + \dfrac{2}{3}(1+k)$$

より　　$k = \dfrac{25}{2}$

ゆえに，$f(x) = \dfrac{3}{2}x^2 + 6x + 9$ となるから　　$f(0) = 9$　（→ウ）

(iii) $f(x) = \dfrac{3}{2}(x+2)^2 + 3$ となるから，頂点の座標は

$(-2, \ 3)$ （→エ〜カ）

(2) $C: y = \dfrac{3}{2}(x+2)^2 + 3$ より

$$D: y + 3 = \dfrac{3}{2}(x - 4 + 2)^2 + 3 \qquad \therefore \quad y = \dfrac{3}{2}(x - 2)^2$$

よって，C と D の式を連立させて

$$\dfrac{3}{2}(x+2)^2 + 3 = \dfrac{3}{2}(x-2)^2$$

$$\Longleftrightarrow \dfrac{3}{2}\{(x+2)^2 - (x-2)^2\} = -3$$

$$\Longleftrightarrow \dfrac{3}{2} \cdot 4 \cdot 2x = -3$$

$$\therefore \quad x = \dfrac{-1}{4} \quad （→キ〜ケ）$$

(3)(i) 傾き a の直線を $y = ax - 7$ とおいて，C の式と連立させると

$$\dfrac{3}{2}x^2 + 6x + 9 = ax - 7 \Longleftrightarrow \dfrac{3}{2}x^2 - (a-6)x + 16 = 0 \quad \cdots\cdots ①$$

接するので重解をもつから

$$(a-6)^2 - 4 \cdot \dfrac{3}{2} \cdot 16 = 0 \Longleftrightarrow (a-6)^2 = 16 \cdot 6 \Longleftrightarrow a - 6 = \pm 4\sqrt{6}$$

より，l の傾きの方が大きいから

$$a = 6 + 4\sqrt{6} \quad （→コ〜シ）$$

このとき接点の x 座標は，①の重解より

$$x = \dfrac{a-6}{3} = \dfrac{4\sqrt{6}}{3} \quad （→ス〜ソ）$$

(ii) (i)の結果より m の傾きは $a = 6 - 4\sqrt{6}$ であり，接

点の x 座標は $-\dfrac{4\sqrt{6}}{3}$ である。

ここで，C, l, m で囲まれた図形は，右図の網かけ

部分であるから，その面積は

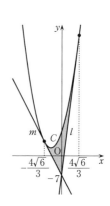

$$\int_{-\frac{4\sqrt{6}}{3}}^{0} \left\{ \dfrac{3}{2}x^2 + 6x + 9 - (6 - 4\sqrt{6})x + 7 \right\} dx$$

$$+ \int_{0}^{\frac{4\sqrt{6}}{3}} \left\{ \dfrac{3}{2}x^2 + 6x + 9 - (6 + 4\sqrt{6})x + 7 \right\} dx$$

$$= \frac{3}{2}\int_{-\frac{4\sqrt6}{3}}^{0}\left(x+\frac{4\sqrt6}{3}\right)^2 dx + \frac{3}{2}\int_{0}^{\frac{4\sqrt6}{3}}\left(x-\frac{4\sqrt6}{3}\right)^2 dx$$

$$= \frac{3}{2}\left[\frac{1}{3}\left(x+\frac{4\sqrt6}{3}\right)^3\right]_{-\frac{4\sqrt6}{3}}^{0} + \frac{3}{2}\left[\frac{1}{3}\left(x-\frac{4\sqrt6}{3}\right)^3\right]_{0}^{\frac{4\sqrt6}{3}}$$

$$= \frac{1}{2}\left(\frac{4\sqrt6}{3}\right)^3 + \frac{1}{2}\left(\frac{4\sqrt6}{3}\right)^3$$

$$= \left(\frac{4\sqrt6}{3}\right)^3 = \frac{64\cdot6\sqrt6}{27}$$

$$= \frac{128\sqrt6}{9} \quad (\rightarrow タ \sim ト)$$

2 月 13 日実施分　　問　題

注　意

問題の文中の　ア　，　イウ　などの　□　には，特に指示のないかぎり，数値または符号（ － ）が入る。これらを次の方法で解答用紙の指定欄にマークせよ。

(1) ア，イ，ウ，…の一つ一つは，それぞれ 0 から 9 までの数字，または － の符号のいずれか一つに対応する。それらをア，イ，ウ，…で示された解答欄にマークする。

〔例〕　アイ　に － 8 と答えたいとき

| ア | ● ⓪ ① ② ③ ④ ⑤ ⑥ ⑦ ⑧ ⑨ |
| イ | ⊖ ⓪ ① ② ③ ④ ⑤ ⑥ ⑦ ● ⑨ |

(2) 分数形が解答で求められているときは，既約分数（それ以上約分できない分数）で答える。符号は分子につけ，分母につけてはならない。

〔例〕　$\dfrac{ウエ}{オ}$　に $-\dfrac{4}{5}$ と答えたいとき

ウ	● ⓪ ① ② ③ ④ ⑤ ⑥ ⑦ ⑧ ⑨
エ	⊖ ⓪ ① ② ③ ● ⑤ ⑥ ⑦ ⑧ ⑨
オ	⊖ ⓪ ① ② ③ ④ ● ⑥ ⑦ ⑧ ⑨

(3) 根号を含む形で解答する場合は，根号の中に現れる自然数が最小となる形で答える。例えば，　カ $\sqrt{}$ キ　に $4\sqrt{2}$ と答えるところを，$2\sqrt{8}$ のように答えてはならない。

(4) 分数形で根号を含む形で解答する場合，$\dfrac{ク + ケ\sqrt{}コ}{サ}$ に

$\dfrac{3 + 2\sqrt{2}}{2}$ と答えるところを，$\dfrac{6 + 4\sqrt{2}}{4}$ や $\dfrac{6 + 2\sqrt{8}}{4}$ のように答えてはならない。

◀数学 I・II・A・B▶

(60 分)

I　(1)

$$x = \frac{\sqrt{5} + 2}{\sqrt{5} - 2}, \quad y = \frac{\sqrt{5} - 2}{\sqrt{5} + 2}$$

とする。

(i)　$x + y = \boxed{\text{アイ}}$ であり，$\dfrac{x^3 - y^3}{x - y} = \boxed{\text{ウエオ}}$ である。

(ii)　x, y の小数部分をそれぞれ a, b とすると，$\dfrac{a^2}{b} = \boxed{\text{カキ}}$ である。

(2)　1 から 9 までの番号をつけた 9 枚のカードから同時に 2 枚を取り出すとき，それらの番号の和が偶数となる確率は $\dfrac{\boxed{\text{ク}}}{\boxed{\text{ケ}}}$ であり，それらの番号の積が偶数となる確率は $\dfrac{\boxed{\text{コサ}}}{\boxed{\text{シス}}}$ である。

(3)　k を定数とする。すべての正の数 x に対して，不等式

$$x^{\log_{10} x} > (1000\,x)^k$$

が成り立つとき，k のとりうる値の範囲は $\boxed{\text{セソタ}} < k < \boxed{\text{チ}}$ である。

(4)　三角形 OAB を考える。線分 AB を 5 : 3 に内分する点を C とすると，

$$\overrightarrow{\text{OC}} = \frac{\boxed{\text{ツ}}}{\boxed{\text{テ}}} \overrightarrow{\text{OA}} + \frac{\boxed{\text{ト}}}{\boxed{\text{ナ}}} \overrightarrow{\text{OB}}$$

である。また，線分 AB を 5 : 3 に外分する点を D とし，互いに素な自然数 p, q に対して

$$p\,\overrightarrow{\text{OA}} - q\,\overrightarrow{\text{OB}} = p\,\overrightarrow{\text{OC}} - q\,\overrightarrow{\text{OD}}$$

が成り立つとき，$p = \boxed{\text{ニヌ}}$，$q = \boxed{\text{ネ}}$ である。

II　初項が 1，公差が 3 である等差数列 $\{a_n\}$ を，次のように群に分ける。ただし，第 k 群には k 個の数が入るものとする。

$$1 \quad | \quad 4,\ 7 \quad | \quad 10,\ 13,\ 16 \quad | \quad 19,\ 22,\ 25,\ 28 \quad | \quad 31,\ \cdots\cdots$$
第 1 群　　第 2 群　　　第 3 群　　　　　　第 4 群

また，$\{a_n\}$ の初項から第 n 項までの和を S_n とする。

(1)　$a_{20} =$ 　アイ　 であり，$S_{20} =$ 　ウエオ　 である。

(2)　a_{30} は第 　カ　 群に入る。

(3)　第 12 群の最後の数は 　キクケ　 であり，この数は第 　コサ　 項である。

(4)　第 12 群に入るすべての数の和は 　シスセソ　 である。

(5)　第 135 群に入る数のうち，10 で割ると余りが 6 である数は全部で 　タチ　 個ある。

(6)　第 k 群に入るすべての数の和を 10 で割ると余りが 9 であるとする。このような k は，$1 \leqq k \leqq 135$ の範囲に全部で 　ツテ　 個ある。

III　a を定数とし，2 次関数

$$f(x) = x^2 - (6a+2)x + 12a, \quad g(x) = x^2 - (6a+2)x + 9a^2 + 6a$$

を考える。

(1)　座標平面上の $y = g(x)$ のグラフは，$y = f(x)$ のグラフを x 軸方向に $\boxed{\text{ア}}$，y 軸方向に $\boxed{\text{イ}}\, a^2 - \boxed{\text{ウ}}\, a$ だけ平行移動した放物線である。

(2)　a がすべての実数値をとって変化するとき，座標平面上の放物線 $y = f(x)$ の頂点の軌跡は放物線

$$y = -x^2 + \boxed{\text{エ}}\, x - \boxed{\text{オ}}$$

である。また，放物線 $y = g(x)$ の頂点の軌跡は直線 $y = \boxed{\text{カ キ}}$ である。

(3)　$a = 1$ とする。x が $f(x) \leqq 0$ かつ $g(x) \geqq 0$ を満たすとき，2 次関数 $y = x^2 - 7x + \dfrac{57}{4}$ は $x = \boxed{\text{ク}}$ で最小値 $\dfrac{\boxed{\text{ケ}}}{\boxed{\text{コ}}}$ をとる。

(4)　$f(x) \leqq 0$ と $g(x) \geqq 0$ を同時に満たす実数 x が存在しないとき，a のとりうる値の範囲は

$$\boxed{\text{サ}} < a < \dfrac{\boxed{\text{シ}}}{\boxed{\text{ス}}}$$

である。

(5)　a を整数とする。

(i)　$a = 10$ とする。$f(x) \leqq 0$ かつ $g(x) \geqq 0$ を満たすすべての整数 x の和は $\boxed{\text{セ ソ タ チ}}$ である。

(ii)　$f(x) \leqq 0$ かつ $g(x) \geqq 0$ を満たす整数 x がちょうど 88 個存在するとき，$a = \boxed{\text{ツ テ}}$ であり，ちょうど 80 個存在するとき，$a = \boxed{\text{ト ナ ニ}}$ である。

2 月 13 日実施分　　　解　答

◀数学 I・II・A・B▶

$$\text{I}$$ **解答**　(1)(i)　アイ. 18　ウエオ. 323　(ii)　カキ. 16
(2)　ク. 4　ケ. 9　コサ. 13　シス. 18

(3)　セソタ. −12　チ. 0

(4)　ツ. 3　テ. 8　ト. 5　ナ. 8　ニヌ. 12　ネ. 5

◀解　説▶

≪小問 4 問≫

(1)(i)　$x+y=\dfrac{(\sqrt{5}+2)^2+(\sqrt{5}-2)^2}{(\sqrt{5}-2)(\sqrt{5}+2)}=\dfrac{9+4\sqrt{5}+9-4\sqrt{5}}{5-4}$

$\qquad\qquad =18$　（→アイ）

であり，$xy=\dfrac{(\sqrt{5}+2)(\sqrt{5}-2)}{(\sqrt{5}-2)(\sqrt{5}+2)}=1$ であるから

$\qquad \dfrac{x^3-y^3}{x-y}=\dfrac{(x-y)(x^2+xy+y^2)}{x-y}=(x+y)^2-xy$

$\qquad\qquad =18^2-1=323$　（→ウ〜オ）

(ii)　$x=\dfrac{(\sqrt{5}+2)^2}{5-4}=9+4\sqrt{5}$ であり，$2<\sqrt{5}<\dfrac{9}{4}$ より $17<x<18$ であるか

ら

$\qquad a=9+4\sqrt{5}-17=4(\sqrt{5}-2)$

また，$0<y<1$ より，$b=y=\dfrac{(\sqrt{5}-2)^2}{5-4}=(\sqrt{5}-2)^2$ であるから

$\qquad \dfrac{a^2}{b}=\dfrac{4^2(\sqrt{5}-2)^2}{(\sqrt{5}-2)^2}=16$　（→カキ）

(2)　2 枚のカードの番号の和が偶数となるのは，2 枚とも偶数または奇数のときである。これらは互いに排反だから，求める確率は

$\qquad \dfrac{{}_4C_2+{}_5C_2}{{}_9C_2}=\dfrac{4\cdot3+5\cdot4}{9\cdot8}=\dfrac{4}{9}$　（→ク，ケ）

また，2 枚のカードの番号の積が偶数となる場合の余事象は，2 枚とも奇数となる場合であるから，求める確率は

$$1 - \frac{{}_5\mathrm{C}_2}{{}_9\mathrm{C}_2} = 1 - \frac{5\cdot 4}{9\cdot 8} = \frac{13}{18} \quad (\rightarrow \text{コ} \sim \text{ス})$$

(3) 与式の両辺の常用対数をとると

$$\log_{10} x^{\log_{10}x} > \log_{10}(1000x)^k$$

$$\log_{10} x \cdot \log_{10} x > k\log_{10}(10^3 x) \iff (\log_{10}x)^2 > k(3 + \log_{10}x)$$

ここで，$t = \log_{10} x$ とおくと，$t^2 > k(3+t)$ より，$t^2 - kt - 3k > 0$ がすべての実数 t に対して成り立つから

$$k^2 + 4\cdot 3k < 0 \quad \therefore \quad k(k+12) < 0$$

ゆえに，k のとりうる値の範囲は　　$-12 < k < 0$　（→セ〜チ）

(4) 点 C は線分 AB を 5：3 に内分するから

$$\overrightarrow{\mathrm{OC}} = \frac{3}{8}\overrightarrow{\mathrm{OA}} + \frac{5}{8}\overrightarrow{\mathrm{OB}} \quad (\rightarrow \text{ツ} \sim \text{ナ})$$

また，点 D は線分 AB を 5：3 に外分するから

$$\overrightarrow{\mathrm{OD}} = -\frac{3}{2}\overrightarrow{\mathrm{OA}} + \frac{5}{2}\overrightarrow{\mathrm{OB}}$$

よって

$$p\overrightarrow{\mathrm{OA}} - q\overrightarrow{\mathrm{OB}} = p\overrightarrow{\mathrm{OC}} - q\overrightarrow{\mathrm{OD}}$$

$$= p\left(\frac{3}{8}\overrightarrow{\mathrm{OA}} + \frac{5}{8}\overrightarrow{\mathrm{OB}}\right) - q\left(-\frac{3}{2}\overrightarrow{\mathrm{OA}} + \frac{5}{2}\overrightarrow{\mathrm{OB}}\right)$$

$$= \left(\frac{3}{8}p + \frac{3}{2}q\right)\overrightarrow{\mathrm{OA}} - \left(-\frac{5}{8}p + \frac{5}{2}q\right)\overrightarrow{\mathrm{OB}}$$

ここで，$\overrightarrow{\mathrm{OA}}$, $\overrightarrow{\mathrm{OB}}$ は互いに 1 次独立だから

$p = \frac{3}{8}p + \frac{3}{2}q$ かつ $q = -\frac{5}{8}p + \frac{5}{2}q$ より，$5p = 12q$ が成り立つ。

ゆえに，5 と 12 は互いに素だから，求める互いに素な自然数 p, q は

$$p = 12, \quad q = 5 \quad (\rightarrow \text{ニ} \sim \text{ネ})$$

Ⅱ　**解答**

(1) アイ．58　ウエオ．590

(2) カ．8

(3) キクケ．232　コサ．78

(4) シスセソ．2586

(5)　タチ．14

(6)　ツテ．40

━━━━━━　◀解　説▶　━━━━━━

≪群数列の各群に入る数とすべての数の和の一の位の数≫

(1)　第 n 項は $a_n = 3n - 2$ であるから

$$a_{20} = 3 \cdot 20 - 2 = 58 \quad (\to \text{アイ})$$

また，初項から第 20 項までの和 S_{20} は

$$S_{20} = \frac{20(1 + 58)}{2} = 590 \quad (\to \text{ウ〜オ})$$

(2)　第 k 群には k 個の数が入っているから

$$(1 + 2 + 3 + 4 + 5 + 6 + 7) + 2 = \frac{1}{2} \cdot 7 \cdot 8 + 2 = 28 + 2 = 30$$

より，第 8 群に入る。（→カ）

(3)　第 12 群の最後の数は　　$1 + 2 + 3 + \cdots + 12 = \frac{1}{2} \cdot 12 \cdot 13 = 78$

より，第 78 項である。（→コサ）

また，その数は　　$a_{78} = 3 \cdot 78 - 2 = 232 \quad (\to \text{キ〜ケ})$

(4)　第 k 群の最初の数は，第 $(k-1)$ 群の最後の数の次の項であるから

$$3 \cdot \frac{1}{2} k(k-1) - 2 + 3 = \frac{3}{2} k(k-1) + 1$$

より，第 12 群の最初の数は

$$\frac{3}{2} \cdot 12 \cdot 11 + 1 = 199$$

ゆえに，第 12 群に入るすべての数の和は

$$\frac{12(199 + 232)}{2} = 2586 \quad (\to \text{シ〜ソ})$$

(5)　第 135 群の最初の数は $\frac{3}{2} \cdot 135 \cdot 134 + 1 = 27136$ であるから，題意の条件をみたす。

この数から始めて，次に一の位が 6 となるのは 10 項あとの 11 番目の項で，$27136 + 3 \cdot 10 = 27166$ である。以下同様に，21 番目，31 番目，41 番目，51 番目，…と続き，131 番目の 27526 まで 14 個ある。（→タチ）

(6)　第 k 群の最後の数は，$3 \cdot \frac{1}{2} k(k+1) - 2$ であるから，第 k 群に入るす

べての数の和は

$$\frac{k}{2}\left\{\frac{3}{2}k(k-1)+1+\frac{3}{2}k(k+1)-2\right\}=\frac{k}{2}(3k^2-1)$$

題意の条件をみたす k $(1\leqq k\leqq 135)$ は，一の位が3または9のときの27個，または，14，34，54，…，134（それぞれ7，17，27，…，67の2倍）の7個，さらに，18，38，58，…，118（それぞれ9，19，29，…，59の2倍）の6個ある。

以上より，題意の条件をみたす k は全部で40個ある。（→ツテ）

III **解答**　(1)　ア. 0　イ. 9　ウ. 6

(2)　エ. 4　オ. 4　カキ. −1

(3)　ク. 3　ケ. 9　コ. 4

(4)　サ. 0　シ. 2　ス. 3

(5)(i) セソタチ. 1798　(ii) ツテ. 15　トナニ. −13

━━━━━◀解　説▶━━━━━

≪放物線の頂点の軌跡，2次不等式がみたす範囲内の整数≫

(1) $f(x)=\{x-(3a+1)\}^2-9a^2+6a-1$，$g(x)=\{x-(3a+1)\}^2-1$ より

x 軸方向に0，y 軸方向に $9a^2-6a$ だけ平行移動した放物線である。

（→ア～ウ）

(2) $y=f(x)$ の頂点の座標を $(X,\ Y)$ とおくと，$X=3a+1$，$Y=-9a^2+6a-1$ となるから

$3a=X-1$ より

$$Y=-(3a-1)^2=-(X-2)^2=-X^2+4X-4$$

ゆえに，求める軌跡は，放物線

$$y=-x^2+4x-4 \quad（→エ，オ）$$

である。また，$y=g(x)$ の頂点 $(X,\ Y)$ の軌跡は，$X=3a+1$，$Y=-1$ より，直線

$$y=-1 \quad（→カキ）$$

(3) $a=1$ のとき，$f(x)=x^2-8x+12\leqq 0$ かつ $g(x)=x^2-8x+15\geqq 0$ より

$$(x-2)(x-6)\leqq 0 \text{ かつ } (x-3)(x-5)\geqq 0$$

∴　$2\leqq x\leqq 3$ または $5\leqq x\leqq 6$

このとき，$y = \left(x - \dfrac{7}{2}\right)^2 + 2$ は，$x = 3$ で最小値 $\dfrac{9}{4}$ をとる。　（→ク〜コ）

(4)　$f(x) = (x-2)(x-6a) \leqq 0$ かつ $g(x) = (x-3a)\{x - (3a+2)\} \geqq 0$ より，

$2 < 6a$, つまり $\dfrac{1}{3} < a$ のとき

　　　$2 \leqq x \leqq 6a$ かつ $x \leqq 3a$, $3a + 2 \leqq x$

これらを同時にみたす実数 x が存在しないとき，$3a < 2$ かつ $6a < 3a + 2$ であればよいから

　　　$\dfrac{1}{3} < a < \dfrac{2}{3}$　……①

また，$6a \leqq 2$, つまり $a \leqq \dfrac{1}{3}$ のとき

　　　$6a \leqq x \leqq 2$ かつ $x \leqq 3a$, $3a + 2 \leqq x$

これらを同時にみたす実数 x が存在しないとき，$3a < 6a$ かつ $2 < 3a + 2$ であればよいから

　　　$0 < a \leqq \dfrac{1}{3}$　……②

以上①または②より，a のとりうる値の範囲は

　　　$0 < a < \dfrac{2}{3}$　（→サ〜ス）

(5)(i)　$a = 10$ のとき

　　　$f(x) = (x-2)(x-60) \leqq 0$ かつ $g(x) = (x-30)(x-32) \geqq 0$

よって，$2 \leqq x \leqq 30$, $32 \leqq x \leqq 60$ となるから，これら整数の和は

　　　$\dfrac{59(2+60)}{2} - 31 = 1829 - 31 = 1798$　（→セ〜チ）

(ii)　$1 \leqq a$ のとき

$2 \leqq x \leqq 6a$ の範囲から，$3a + 1$ を除いた整数 x の個数は $6a - 2 = 88$ 個より

　　　$a = 15$　（→ツテ）

また，$6a - 2 = 80$ 個をみたす整数 a は存在しない。

$a \leqq 0$ のとき，$6a \leqq x \leqq 2$ の範囲から，$3a + 1$ を除いた整数 x の個数は $-6a + 2 = 80$ 個より

　　　$a = -13$　（→ト〜ニ）

また，$-6a + 2 = 88$ 個をみたす整数 a は存在しない。

2022
年度

問題と解答

1 月 30 日実施分　　問　題

注　意

問題の文中の　ア　,　イウ　などの　□　には，特に指示のないかぎり，数値または符号（−）が入る。これらを次の方法で解答用紙の指定欄にマークせよ。

(1)　ア，イ，ウ，…の一つ一つは，それぞれ 0 から 9 までの数字，または−の符号のいずれか一つに対応する。それらをア，イ，ウ，…で示された解答欄にマークする。

〔例〕　アイ　に−8 と答えたいとき

ア	● ⓪ ① ② ③ ④ ⑤ ⑥ ⑦ ⑧ ⑨
イ	⊖ ⓪ ① ② ③ ④ ⑤ ⑥ ⑦ ● ⑨

(2)　分数形が解答で求められているときは，既約分数（それ以上約分できない分数）で答える。符号は分子につけ，分母につけてはならない。

〔例〕　$\dfrac{ウエ}{オ}$　に−$\dfrac{4}{5}$ と答えたいとき

ウ	● ⓪ ① ② ③ ④ ⑤ ⑥ ⑦ ⑧ ⑨
エ	⊖ ⓪ ① ② ③ ● ⑤ ⑥ ⑦ ⑧ ⑨
オ	⊖ ⓪ ① ② ③ ④ ● ⑥ ⑦ ⑧ ⑨

(3)　根号を含む形で解答する場合は，根号の中に現れる自然数が最小となる形で答える。例えば，　カ　$\sqrt{\boxed{キ}}$　に $4\sqrt{2}$ と答えるところを，$2\sqrt{8}$ のように答えてはならない。

(4)　分数形で根号を含む形で解答する場合，　$\dfrac{\boxed{ク}+\boxed{ケ}\sqrt{\boxed{コ}}}{\boxed{サ}}$　に

$\dfrac{3+2\sqrt{2}}{2}$ と答えるところを，$\dfrac{6+4\sqrt{2}}{4}$ や $\dfrac{6+2\sqrt{8}}{4}$ のように答えてはならない。

◀数学 I・II・III・A・B▶

（60 分）

I 大小 2 個のさいころを同時に投げるとき，大きいさいころの出る目を m，2 個のさいころの出る目の和を n とする。また

$$a = \sin\frac{m\pi}{2}, \quad b = \sin\frac{n\pi}{4}, \quad c = \cos\frac{n\pi}{3}, \quad d = \sin\frac{n\pi}{4} + \cos\frac{n\pi}{4}$$

とする。

(1) $a = 1$ となる確率は $\dfrac{\boxed{\text{ア}}}{\boxed{\text{イ}}}$ である。

(2) $b = 1$ となる確率は $\dfrac{\boxed{\text{ウ}}}{\boxed{\text{エ}}}$ である。

(3) $c = \dfrac{1}{2}$ となる確率は $\dfrac{\boxed{\text{オ}}}{\boxed{\text{カ}}}$ である。

(4) $d = -1$ となる確率は $\dfrac{\boxed{\text{キ}}}{\boxed{\text{ク}}}$ である。

(5) 積 bcd が 0 となる確率は $\dfrac{\boxed{\text{ケコ}}}{\boxed{\text{サシ}}}$ である。

(6) 積 bcd が 0 より小さくなる確率は $\dfrac{\boxed{\text{ス}}}{\boxed{\text{セ}}}$ である。

(7) 積 ab が 0 となる確率は $\dfrac{\boxed{\text{ソタ}}}{\boxed{\text{チツ}}}$ である。

II　△OAB において OA = 5，OB = 6，AB = 9 とする。

(1)　$\overrightarrow{OA}$ と $\overrightarrow{OB}$ の内積は $\boxed{\text{アイウ}}$ である。

(2)　△OAB の重心を G とすると，$\overrightarrow{OG} = \dfrac{\boxed{\text{エ}}}{\boxed{\text{オ}}}\left(\overrightarrow{OA} + \overrightarrow{OB}\right)$ である。

(3)　△OAB の内心を P とすると，$\overrightarrow{OP} = \dfrac{\boxed{\text{カ}}}{\boxed{\text{キク}}}\,\overrightarrow{OA} + \dfrac{\boxed{\text{ケ}}}{\boxed{\text{コ}}}\,\overrightarrow{OB}$ である。

(4)　△OAB の外心を Q とすると，$16\,\overrightarrow{OQ} = \dfrac{\boxed{\text{サシ}}}{\boxed{\text{ス}}}\,\overrightarrow{OA} + \dfrac{\boxed{\text{セソ}}}{\boxed{\text{タ}}}\,\overrightarrow{OB}$ である。

(5)　頂点 O を通り直線 AB と垂直に交わる直線を ℓ_1，頂点 A を通り直線 OB と垂直に交わる直線を ℓ_2，頂点 B を通り直線 OA と垂直に交わる直線を ℓ_3 とする。このとき，3 本の直線 ℓ_1，ℓ_2，ℓ_3 は 1 点 R で交わり

$$-8\,\overrightarrow{OR} = \dfrac{\boxed{\text{チツ}}}{\boxed{\text{テ}}}\,\overrightarrow{OA} + \dfrac{\boxed{\text{ト}}}{\boxed{\text{ナ}}}\,\overrightarrow{OB}$$

である。

(6)　直線 OA，直線 OB，辺 AB のすべてに接する円のうち，中心が △OAB の外部にある円を考えて，その中心を S とする。このとき

$$\overrightarrow{OS} = \boxed{\text{ニ}}\,\overrightarrow{OA} + \dfrac{\boxed{\text{ヌ}}}{\boxed{\text{ネ}}}\,\overrightarrow{OB}$$

である。

III 関数 $f(x) = |x - 1|\sqrt{|2x + 5|}$ を考える。

(1) $x > 1$ のとき

$$f'(x) = \frac{\boxed{\text{ア}}\, x + \boxed{\text{イ}}}{\sqrt{2x + 5}}$$

であり，$f'(2) = \dfrac{\boxed{\text{ウエ}}}{\boxed{\text{オ}}}$ である。

(2) $f'(-3) = \boxed{\text{カキ}}$，$f'(-2) = \boxed{\text{ク}}$，$f'(0) = \dfrac{\boxed{\text{ケコ}}\sqrt{\boxed{\text{サ}}}}{\boxed{\text{シ}}}$ で
ある。

(3) $f'(a) = 0$ であるとき，$a = \dfrac{\boxed{\text{スセ}}}{\boxed{\text{ソ}}}$ であり

$$f(a) = \frac{\boxed{\text{タ}}\sqrt{\boxed{\text{チツ}}}}{\boxed{\text{テ}}}$$

である。

(4) 座標平面において，$y = f(x)$ のグラフと x 軸で囲まれた部分の面積は

$$\frac{\boxed{\text{トナ}}\sqrt{\boxed{\text{ニ}}}}{\boxed{\text{ヌネ}}}$$

である。

◀数学 I・II・A・B▶

(60 分)

I　大小 2 個のさいころを同時に投げるとき，大きいさいころの出る目を m，2 個のさいころの出る目の和を n とする。また

$$a = \sin \frac{m\pi}{2}, \quad b = \sin \frac{n\pi}{4}, \quad c = \cos \frac{n\pi}{3}, \quad d = \sin \frac{n\pi}{4} + \cos \frac{n\pi}{4}$$

とする。

(1) $a = 1$ となる確率は $\dfrac{\boxed{ア}}{\boxed{イ}}$ である。

(2) $b = 1$ となる確率は $\dfrac{\boxed{ウ}}{\boxed{エ}}$ である。

(3) $c = \dfrac{1}{2}$ となる確率は $\dfrac{\boxed{オ}}{\boxed{カ}}$ である。

(4) $d = -1$ となる確率は $\dfrac{\boxed{キ}}{\boxed{ク}}$ である。

(5) 積 bcd が 0 となる確率は $\dfrac{\boxed{ケコ}}{\boxed{サシ}}$ である。

(6) 積 bcd が 0 より小さくなる確率は $\dfrac{\boxed{ス}}{\boxed{セ}}$ である。

(7) 積 ab が 0 となる確率は $\dfrac{\boxed{ソタ}}{\boxed{チツ}}$ である。

II　△OAB において OA = 5，OB = 6，AB = 9 とする。

(1)　$\overrightarrow{\mathrm{OA}}$ と $\overrightarrow{\mathrm{OB}}$ の内積は $\boxed{\text{アイウ}}$ である。

(2)　△OAB の重心を G とすると，$\overrightarrow{\mathrm{OG}} = \dfrac{\boxed{\text{エ}}}{\boxed{\text{オ}}} \left(\overrightarrow{\mathrm{OA}} + \overrightarrow{\mathrm{OB}} \right)$ である。

(3)　△OAB の内心を P とすると，$\overrightarrow{\mathrm{OP}} = \dfrac{\boxed{\text{カ}}}{\boxed{\text{キク}}} \overrightarrow{\mathrm{OA}} + \dfrac{\boxed{\text{ケ}}}{\boxed{\text{コ}}} \overrightarrow{\mathrm{OB}}$ である。

(4)　△OAB の外心を Q とすると，$16\overrightarrow{\mathrm{OQ}} = \dfrac{\boxed{\text{サシ}}}{\boxed{\text{ス}}} \overrightarrow{\mathrm{OA}} + \dfrac{\boxed{\text{セソ}}}{\boxed{\text{タ}}} \overrightarrow{\mathrm{OB}}$ である。

(5)　頂点 O を通り直線 AB と垂直に交わる直線を ℓ_1，頂点 A を通り直線 OB と垂直に交わる直線を ℓ_2，頂点 B を通り直線 OA と垂直に交わる直線を ℓ_3 とする。このとき，3 本の直線 ℓ_1，ℓ_2，ℓ_3 は 1 点 R で交わり

$$-8\overrightarrow{\mathrm{OR}} = \dfrac{\boxed{\text{チツ}}}{\boxed{\text{テ}}} \overrightarrow{\mathrm{OA}} + \dfrac{\boxed{\text{ト}}}{\boxed{\text{ナ}}} \overrightarrow{\mathrm{OB}}$$

である。

(6)　直線 OA，直線 OB，辺 AB のすべてに接する円のうち，中心が △OAB の外部にある円を考えて，その中心を S とする。このとき

$$\overrightarrow{\mathrm{OS}} = \boxed{\text{ニ}} \; \overrightarrow{\mathrm{OA}} + \dfrac{\boxed{\text{ヌ}}}{\boxed{\text{ネ}}} \overrightarrow{\mathrm{OB}}$$

である。

III a を正の定数とし，関数 $f(x) = x^3 - \dfrac{5}{2}ax^2 + 2a^2x$ を考える。

(1) $f(a) = \dfrac{\boxed{ア}}{\boxed{イ}}\, a^{\boxed{ウ}}$ である。

(2) $f'(x) = \boxed{エ}\, x^2 - \boxed{オ}\, ax + \boxed{カ}\, a^2$ である。

(3) $f(x)$ は $x = \dfrac{\boxed{キ}}{\boxed{ク}}\, a$ で極大値 $\dfrac{\boxed{ケコ}}{\boxed{サシ}}\, a^3$ をとる。

(4) 座標平面において，$y = f(x)$ のグラフ上の点 $(2, f(2))$ における接線の y 切片は $\boxed{スセ}\, a - \boxed{ソタ}$ である。

(5) m を実数とする。座標平面において，直線 $y = mx$ と $y = f(x)$ のグラフが異なる 3 つの共有点をもつとする。ただし，3 つの共有点の x 座標はすべて 0 以上であるとする。このとき，m のとりうる値の範囲は

$$\dfrac{\boxed{チ}}{\boxed{ツテ}}\, a^2 < m < \boxed{ト}\, a^2$$

であり，直線 $y = mx$ と $y = f(x)$ のグラフで囲まれた 2 つの部分の面積が等しくなるのは

$$m = \dfrac{\boxed{ナニ}}{\boxed{ヌネ}}\, a^2$$

のときである。

1 月 30 日実施分　　解　答

◀数学Ⅰ・Ⅱ・Ⅲ・A・B▶

Ⅰ　解答　(1)　ア. 1　イ. 3
　　　　　　(2)　ウ. 1　エ. 9

(3)　オ. 1　カ. 3
(4)　キ. 1　ク. 4
(5)　ケコ. 19　サシ. 36
(6)　ス. 2　セ. 9
(7)　ソタ. 11　チツ. 18

◀解　説▶

≪さいころの目と三角関数の値の確率≫

(1)　$a=1$ より

$$\sin\frac{m\pi}{2}=1$$

$1\leqq m\leqq6$ であるから，上式を満たす m の値は

$$m=1,\ 5$$

の 2 通りである。

よって，求める確率は

$$\frac{2}{6}=\frac{1}{3}\quad(\to\text{ア，イ})$$

(2)　$b=1$ より

$$\sin\frac{n\pi}{4}=1$$

$2\leqq n\leqq12$ であるから，上式を満たす n の値は

$$n=2,\ 10$$

さいころの目の組合せを（大きいさいころの目，小さいさいころの目）と表すことにする。

$n = 2$ となるさいころの目の組合せは　　(1, 1)

$n = 10$ となるさいころの目の組合せは　　(4, 6), (5, 5), (6, 4)

よって，求める確率は

$$\frac{4}{6^2} = \frac{1}{9} \quad (\rightarrow ウ, エ)$$

(3)　$c = \dfrac{1}{2}$ より

$$\cos\frac{n\pi}{3} = \frac{1}{2}$$

この式を満たす n の値は

$$n = 5, \ 7, \ 11$$

それぞれの n の値に対するさいころの目の組合せは，(2)と同様に考えて

　　　4 通り，　6 通り，　2 通り

よって，求める確率は

$$\frac{12}{6^2} = \frac{1}{3} \quad (\rightarrow オ, カ)$$

(4)　$d = -1$ より

$$\sin\frac{n\pi}{4} + \cos\frac{n\pi}{4} = -1$$

$$\sqrt{2}\sin\left(\frac{n\pi}{4} + \frac{\pi}{4}\right) = -1$$

$$\sin\frac{(n+1)\pi}{4} = -\frac{1}{\sqrt{2}}$$

この式を満たす n の値は

$$n = 4, \ 6, \ 12$$

それぞれの n の値に対するさいころの目の組合せは

　　　3 通り，　5 通り，　1 通り

よって，求める確率は

$$\frac{9}{6^2} = \frac{1}{4} \quad (\rightarrow キ, ク)$$

(5)　$bcd = 0$ より，$b = 0$ または $c = 0$ または $d = 0$ である。

(ⅰ)　$b = 0$ のとき

　　　$n = 4, \ 8, \ 12$

それぞれの n の値に対するさいころの目の組合せは

　　　3 通り，5 通り，1 通り

(ii)　$c=0$ のとき

これを満たす n の値は存在しない。

(iii)　$d=0$ のとき

$$\sin\frac{(n+1)\pi}{4}=0$$

$n=3,\ 7,\ 11$

それぞれの n の値に対するさいころの目の組合せは

　　　2 通り，6 通り，2 通り

(i)〜(iii)は，それぞれ独立の事象なので，求める確率は

$$\frac{9+0+10}{6^2}=\frac{19}{36}\quad(\to ケ \sim シ)$$

(6)　n の値による，$b,\ c,\ d,\ bcd$ の正負を表にすると次のようになる。

n	2	3	4	5	6	7	8	9	10	11	12
$b=\sin\dfrac{n\pi}{4}$	+	+	0	−	−	−	0	+	+	+	0
$c=\cos\dfrac{n\pi}{3}$	−	−	−	+	+	+	−	−	−	+	+
$d=\sqrt{2}\sin\dfrac{(n+1)\pi}{4}$	+	0	−	−	−	0	+	+	+	0	−
bcd	−	0	0	+	+	0	0	−	−	0	0

表より，$bcd<0$ となる n の値は

　　　$n=2,\ 9,\ 10$

それぞれの n の値に対するさいころの目の組合せは

　　　1 通り，4 通り，3 通り

よって，求める確率は

$$\frac{8}{6^2}=\frac{2}{9}\quad(\to ス，セ)$$

(7)　$ab=0$ より　　$a=0$　または　$b=0$

(iv)　$a=0$ のとき

$$\sin\frac{m\pi}{2}=0$$

$m = 2,\ 4,\ 6$

それぞれの m の値に対して，小さいさいころの目の出方は 6 通りであるから，$a=0$ となるさいころの組合せは

$3 \times 6 = 18$ 通り

(ⅴ) $b = 0$ のとき

(5)の(ⅰ)より　　9 通り

(ⅳ)，(ⅴ)で重なっているさいころの目の組合せは

$(2,\ 2),\ (2,\ 6),\ (4,\ 4),\ (6,\ 2),\ (6,\ 6)$

の 5 通り。

$ab = 0$ となる場合の数は

$18 + 9 - 5 = 22$ 通り

よって，求める確率は

$$\frac{22}{6^2} = \frac{11}{18} \quad (\to \text{ソ}\sim\text{ツ})$$

Ⅱ 解答

(1) アイウ．-10

(2) エ．1　オ．3

(3) カ．3　キク．10　ケ．1　コ．4

(4) サシ．63　ス．5　セソ．23　タ．2

(5) チツ．23　テ．5　ト．7　ナ．2

(6) ニ．3　ヌ．5　ネ．2

◀解 説▶

≪重心・内心・外心・垂心・傍心のベクトル≫

(1)　$\cos \angle \text{AOB} = \dfrac{5^2 + 6^2 - 9^2}{2 \times 5 \times 6} = -\dfrac{1}{3}$

$\overrightarrow{\text{OA}} \cdot \overrightarrow{\text{OB}} = 5 \times 6 \times \left(-\dfrac{1}{3}\right) = -10 \quad (\to \text{アイウ})$

(2)　$\overrightarrow{\text{OG}} = \dfrac{1}{3}(\overrightarrow{\text{OA}} + \overrightarrow{\text{OB}}) \quad (\to \text{エ，オ})$

(3)　直線 OP と直線 AB の交点を C とする。点 P は △OAB の内心であるから

$\angle \text{AOC} = \angle \text{BOC}$

よって　　　$AC : BC = OA : OB$

$$= 5 : 6$$

$$\overrightarrow{OC} = \frac{6\overrightarrow{OA} + 5\overrightarrow{OB}}{5+6}$$

$$= \frac{6\overrightarrow{OA} + 5\overrightarrow{OB}}{11}$$

$$AC = 9 \times \frac{5}{11}$$

$$= \frac{45}{11}$$

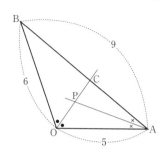

直線 AP は $\angle OAC$ の 2 等分線であるから

$$OP : PC = OA : AC$$

$$= 5 : \frac{45}{11}$$

$$= 11 : 9$$

よって　　　$\overrightarrow{OP} = \dfrac{11}{11+9} \overrightarrow{OC}$

$$= \frac{11}{20} \times \frac{6\overrightarrow{OA} + 5\overrightarrow{OB}}{11}$$

$$= \frac{3}{10} \overrightarrow{OA} + \frac{1}{4} \overrightarrow{OB} \quad (\rightarrow \text{カ} \sim \text{コ})$$

(4)　$\overrightarrow{OQ} = s\overrightarrow{OA} + t\overrightarrow{OB}$ とおく（$s,\ t$ は実数）。

線分 OA の中点を D とすると，$QD \perp OA$ より

$$(\overrightarrow{OD} - \overrightarrow{OQ}) \cdot \overrightarrow{OA} = 0$$

$$\left\{ \frac{\overrightarrow{OA}}{2} - (s\overrightarrow{OA} + t\overrightarrow{OB}) \right\} \cdot \overrightarrow{OA} = 0$$

$$\left(\frac{1}{2} - s \right) |\overrightarrow{OA}|^2 - t\overrightarrow{OA} \cdot \overrightarrow{OB} = 0$$

$$\left(\frac{1}{2} - s \right) \times 5^2 - t \times (-10) = 0$$

$$10s - 4t = 5 \quad \cdots\cdots \text{①}$$

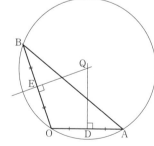

線分 OB の中点を E とすると，$QE \perp OB$ より

$$(\overrightarrow{OE} - \overrightarrow{OQ}) \cdot \overrightarrow{OB} = 0$$

$$\left\{\frac{\overrightarrow{OB}}{2} - (s\overrightarrow{OA} + t\overrightarrow{OB})\right\} \cdot \overrightarrow{OB} = 0$$

$$\left(\frac{1}{2} - t\right)|\overrightarrow{OB}|^2 - s\overrightarrow{OA} \cdot \overrightarrow{OB} = 0$$

$$\left(\frac{1}{2} - t\right) \times 6^2 - s \times (-10) = 0$$

$$5s - 18t = -9 \quad \cdots\cdots ②$$

①，②を連立させて解くと

$$s = \frac{63}{80}, \quad t = \frac{23}{32}$$

よって　　$16\overrightarrow{OQ} = 16 \times \left(\frac{63}{80}\overrightarrow{OA} + \frac{23}{32}\overrightarrow{OB}\right)$

$$= \frac{63}{5}\overrightarrow{OA} + \frac{23}{2}\overrightarrow{OB} \quad (\rightarrow サ \sim タ)$$

(5)　$\overrightarrow{OR} = p\overrightarrow{OA} + q\overrightarrow{OB}$ とおく（p, q は実数）。

$OR \perp AB$ より

$$\overrightarrow{OR} \cdot \overrightarrow{AB} = 0$$

$$(p\overrightarrow{OA} + q\overrightarrow{OB}) \cdot (\overrightarrow{OB} - \overrightarrow{OA}) = 0$$

$$p|\overrightarrow{OA}|^2 - (p-q)\overrightarrow{OA} \cdot \overrightarrow{OB} - q|\overrightarrow{OB}|^2 = 0$$

$$25p + 10(p-q) - 36q = 0$$

$$35p - 46q = 0 \quad \cdots\cdots ③$$

$OB \perp AR$ より

$$\overrightarrow{OB} \cdot \overrightarrow{AR} = 0$$

$$\overrightarrow{OB} \cdot (\overrightarrow{OR} - \overrightarrow{OA}) = 0$$

$$\overrightarrow{OB} \cdot (p\overrightarrow{OA} + q\overrightarrow{OB} - \overrightarrow{OA}) = 0$$

$$(p-1)\overrightarrow{OA} \cdot \overrightarrow{OB} + q|\overrightarrow{OB}|^2 = 0$$

$$-10(p-1) + 36q = 0$$

$$5p - 18q = 5 \quad \cdots\cdots ④$$

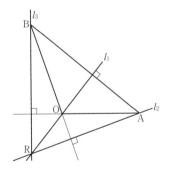

③，④を連立させて解くと

$$p = -\frac{23}{40}, \quad q = -\frac{7}{16}$$

よって　　$-8\overrightarrow{OR} = -8 \times \left(-\frac{23}{40}\overrightarrow{OA} - \frac{7}{16}\overrightarrow{OB}\right)$

$$= \frac{23}{5}\overrightarrow{\mathrm{OA}} + \frac{7}{2}\overrightarrow{\mathrm{OB}} \quad (\to チ \sim ナ)$$

(6) S は△OAB の傍心であるから，∠AOB の 2 等分線上にある。

$$\overrightarrow{\mathrm{OS}} = k\left(\frac{\overrightarrow{\mathrm{OA}}}{5} + \frac{\overrightarrow{\mathrm{OB}}}{6}\right)$$

$$= \frac{k}{5}\overrightarrow{\mathrm{OA}} + \frac{k}{6}\overrightarrow{\mathrm{OB}} \quad \cdots\cdots ⑤$$

と書ける（k は実数）。

また S は∠BAO の外角の 2 等分線上にあるから，l を実数とすると

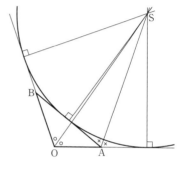

$$\overrightarrow{\mathrm{AS}} = l\left(\frac{\overrightarrow{\mathrm{OA}}}{5} + \frac{\overrightarrow{\mathrm{AB}}}{9}\right)$$

$$= l\left(\frac{\overrightarrow{\mathrm{OA}}}{5} + \frac{\overrightarrow{\mathrm{OB}} - \overrightarrow{\mathrm{OA}}}{9}\right)$$

$$= \frac{4l}{45}\overrightarrow{\mathrm{OA}} + \frac{l}{9}\overrightarrow{\mathrm{OB}}$$

と書ける。

$$\overrightarrow{\mathrm{OS}} = \overrightarrow{\mathrm{OA}} + \overrightarrow{\mathrm{AS}}$$

$$= \left(\frac{4l}{45} + 1\right)\overrightarrow{\mathrm{OA}} + \frac{l}{9}\overrightarrow{\mathrm{OB}} \quad \cdots\cdots ⑥$$

⑤，⑥と，$\overrightarrow{\mathrm{OA}} \not\parallel \overrightarrow{\mathrm{OB}}$, $\overrightarrow{\mathrm{OA}} \neq \vec{0}$, $\overrightarrow{\mathrm{OB}} \neq \vec{0}$ より

$$\begin{cases} \dfrac{k}{5} = \dfrac{4l}{45} + 1 \\[2mm] \dfrac{k}{6} = \dfrac{l}{9} \end{cases}$$

これを解いて　　$k = 15$, $l = \dfrac{45}{2}$

よって

$$\overrightarrow{\mathrm{OS}} = 3\overrightarrow{\mathrm{OA}} + \frac{5}{2}\overrightarrow{\mathrm{OB}} \quad (\to ニ \sim ネ)$$

III　**解答**　(1) ア. 3　イ. 4　ウエ. 10　オ. 3

(2) カキ. −5　ク. 2　ケコ. −4　サ. 5　シ. 5

(3) スセ. −4　ソ. 3　タ. 7　チツ. 21　テ. 9

(4) トナ. 49　ニ. 7　ヌネ. 15

━━━━━━━━ ◀解　説▶ ━━━━

≪絶対値を含む関数のグラフと *x* 軸で囲まれた部分の面積≫

(1) 　　$f(x) = |x-1|\sqrt{|2x+5|}$

$x>1$ のとき　　$f(x) = (x-1)\sqrt{2x+5}$

$$f'(x) = \sqrt{2x+5} + \frac{(x-1)\times 2}{2\sqrt{2x+5}}$$

$$= \frac{3x+4}{\sqrt{2x+5}} \quad (\to \text{ア，イ})$$

よって　　$f'(2) = \dfrac{10}{\sqrt{9}} = \dfrac{10}{3}$　（→ウ〜オ）

(2) （ i ）$x \leqq -\dfrac{5}{2}$ のとき

$$f(x) = -(x-1)\sqrt{-2x-5}$$

$$f'(x) = -\sqrt{-2x-5} - (x-1)\times\frac{-2}{2\sqrt{-2x-5}}$$

$$= \frac{3x+4}{\sqrt{-2x-5}}$$

(ii) 　$-\dfrac{5}{2} < x \leqq 1$ のとき

$$f(x) = -(x-1)\sqrt{2x+5}$$

$$f'(x) = -\sqrt{2x+5} - (x-1)\times\frac{2}{2\sqrt{2x+5}}$$

$$= \frac{-3x-4}{\sqrt{2x+5}}$$

よって　　$f'(-3) = \dfrac{-9+4}{\sqrt{6-5}} = -5$　（→カキ）

$$f'(-2) = \frac{6-4}{\sqrt{-4+5}} = 2 \quad (\to \text{ク})$$

$$f'(0) = \frac{-4}{\sqrt{5}} = \frac{-4\sqrt{5}}{5} \quad (\to \text{ケ〜シ})$$

(3) (iii) 　$a>1$ のとき

$f'(a) = \dfrac{3a+4}{\sqrt{2a+5}}$ より，$f'(a) = 0$ とおくと

$$a = -\frac{4}{3}$$

$a>1$ より，これは不適。

(iv)　$-\dfrac{5}{2}<a\leqq1$ のとき

$f'(a) = \dfrac{-3a-4}{\sqrt{2a+5}}$ より，$f'(a)=0$ とおくと

$$a = -\frac{4}{3}$$

これは $-\dfrac{5}{2}<a\leqq1$ を満たしている。

(v)　$a\leqq-\dfrac{5}{2}$ のとき

$f'(a) = \dfrac{3a+4}{\sqrt{-2a-5}}$ より，$f'(a)=0$ とおくと

$$a = -\frac{4}{3}$$

$a\leqq-\dfrac{5}{2}$ より，これは不適。

(iii)〜(v)より，求める a の値は　　$a = \dfrac{-4}{3}$　（→ス〜ソ）

$$f(a) = \left|-\frac{4}{3}-1\right|\sqrt{\left|-\frac{8}{3}+5\right|} = \frac{7\sqrt{21}}{9} \quad (\rightarrow \text{タ〜テ})$$

(4)　$f(x)$ の増減表は次のようになる。

x	$\cdots$	$-\dfrac{5}{2}$	$\cdots$	$-\dfrac{4}{3}$	$\cdots$	1	$\cdots$
$f'(x)$	$-$		$+$	0	$-$		$+$
$f(x)$	$\searrow$	0	$\nearrow$	$\dfrac{7\sqrt{21}}{9}$	$\searrow$	0	$\nearrow$

$y=f(x)$ のグラフは右図のようになる。網か
け部分が求める面積である。

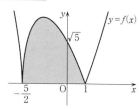

（求める面積）$= \displaystyle\int_{-\frac{5}{2}}^{1}\{-(x-1)\sqrt{2x+5}\}\,dx$

$\qquad\qquad = \displaystyle\int_{-\frac{5}{2}}^{1}\left[-(x-1)\left\{\frac{1}{3}(2x+5)^{\frac{3}{2}}\right\}'\right]dx$

$$= \left[-\frac{x-1}{3}(2x+5)^{\frac{3}{2}} \right]_{-\frac{5}{2}}^{1} - \int_{-\frac{5}{2}}^{1} \left\{ -\frac{1}{3}(2x+5)^{\frac{3}{2}} \right\} dx$$

$$= \frac{1}{3} \left[\frac{1}{5}(2x+5)^{\frac{5}{2}} \right]_{-\frac{5}{2}}^{1}$$

$$= \frac{49\sqrt{7}}{15} \quad (\rightarrow \text{ト} \sim \text{ネ})$$

◀数学Ⅰ・Ⅱ・Ａ・Ｂ▶

Ⅰ

◀数学Ⅰ・Ⅱ・Ⅲ・Ａ・Ｂ▶Ⅰに同じ。

Ⅱ

◀数学Ⅰ・Ⅱ・Ⅲ・Ａ・Ｂ▶Ⅱに同じ。

Ⅲ 解答

(1) ア. 1　イ. 2　ウ. 3
(2) エ. 3　オ. 5　カ. 2
(3) キ. 2　ク. 3　ケコ. 14　サシ. 27
(4) スセ. 10　ソタ. 16
(5) チ. 7　ツテ. 16　ト. 2　ナニ. 11　ヌネ. 18

━━━━━━◀解　説▶━━━━━━

≪3次関数と直線で囲まれた部分の面積≫

(1) 　$f(x) = x^3 - \dfrac{5}{2}ax^2 + 2a^2x$

$f(a) = a^3 - \dfrac{5}{2}a^3 + 2a^3$

$\qquad = \dfrac{1}{2}a^3$　（→ア～ウ）

(2) 　$f'(x) = 3x^2 - 5ax + 2a^2$　（→エ～カ）

(3) 　$f'(x) = (3x - 2a)(x - a)$

$f'(x) = 0$ とおくと　$x = \dfrac{2}{3}a,\ a$

a は正の定数なので，$f(x)$ の増減表は
右のようになる。

よって，$f(x)$ は $x = \dfrac{2}{3}a$ で極大値 $\dfrac{14}{27}a^3$
をとる。（→キ～シ）

x	$\cdots$	$\dfrac{2}{3}a$	$\cdots$	a	$\cdots$
$f'(x)$	+	0	−	0	+
$f(x)$	↗	$\dfrac{14}{27}a^3$	↘	$\dfrac{1}{2}a^3$	↗

(4) 点 $(2, f(2))$ における接線の方程式は

$$y - f(2) = f'(2)(x-2)$$
$$y - (4a^2 - 10a + 8) = (2a^2 - 10a + 12)(x-2)$$
$$y = (2a^2 - 10a + 12)x + 10a - 16$$

よって求める接線の y 切片は

$$10a - 16 \quad (\to ス \sim タ)$$

(5)　$y = mx$ と $y = x^3 - \dfrac{5}{2}ax^2 + 2a^2x$ を連立させて

$$x^3 - \frac{5}{2}ax^2 + (2a^2 - m)x = 0$$

$$\{2x^2 - 5ax + 2(2a^2 - m)\}x = 0$$

$\iff x = 0$　または　$2x^2 - 5ax + 2(2a^2 - m) = 0$

ここで，$g(x) = 2x^2 - 5ax + 2(2a^2 - m)$ とおく。

$g(x) = 0$ が 2 つの異なる正の実数解をもつ条件を求めればよい。

$$g(x) = 2\left(x - \frac{5}{4}a\right)^2 + \frac{7}{8}a^2 - 2m$$

その条件は次の(ⅰ)～(ⅲ)を満たすことである。

(ⅰ)　$\dfrac{7}{8}a^2 - 2m < 0$　……①

(ⅱ)　$0 < \dfrac{5}{4}a$　　　　　……②

(ⅲ)　$g(0) > 0$　　　　　……③

①より　　　$m > \dfrac{7}{16}a^2$　……①′

②より　　　$a > 0$　　　……②′

③より　　　$2a^2 - m > 0$
　　　　　　$m < 2a^2$　　　……③′

①′～③′ より

$$\frac{7}{16}a^2 < m < 2a^2 \quad (\to チ \sim ト)$$

$g(x) = 0$ の 2 つの解を α, β $(\alpha < \beta)$ とする。

$$2\beta^2 - 5a\beta + 2(2a^2 - m) = 0 \quad ……④$$

$y = mx$ と $y = f(x)$ のグラフで囲まれた 2 つの部分の面積が等しいことより

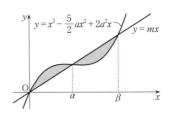

$$\int_0^\beta \left\{ mx - \left(x^3 - \frac{5}{2}ax^2 + 2a^2x \right) \right\} dx = 0$$

$$\int_0^\beta \left\{ -x^3 + \frac{5}{2}ax^2 + (m - 2a^2)\,x \right\} dx = 0$$

$$\left[-\frac{1}{4}x^4 + \frac{5}{6}ax^3 + \frac{1}{2}(m - 2a^2)\,x^2 \right]_0^\beta = 0$$

$\beta \neq 0$ より　　$3\beta^2 - 10a\beta - 6\,(m - 2a^2) = 0$　……⑤

④より　　$m = \beta^2 - \dfrac{5}{2}a\beta + 2a^2$

これを⑤に代入して整理すると

　　$\beta(3\beta - 5a) = 0$

$\beta \neq 0$ より　　$\beta = \dfrac{5}{3}a$

よって　　$m = \dfrac{25}{9}a^2 - \dfrac{25}{6}a^2 + 2a^2 = \dfrac{11}{18}a^2$　（→ナ～ネ）

2月12日実施分　　問　題

注　意

問題の文中の ア , イウ などの には，特に指示のないかぎり，数値または符号（−）が入る。これらを次の方法で解答用紙の指定欄にマークせよ。

(1) ア，イ，ウ，…の一つ一つは，それぞれ0から9までの数字，または−の符号のいずれか一つに対応する。それらをア，イ，ウ，…で示された解答欄にマークする。

〔例〕 アイ に−8と答えたいとき

ア	● ⓪ ① ② ③ ④ ⑤ ⑥ ⑦ ⑧ ⑨
イ	⊖ ⓪ ① ② ③ ④ ⑤ ⑥ ⑦ ● ⑨

(2) 分数形が解答で求められているときは，既約分数（それ以上約分できない分数）で答える。符号は分子につけ，分母につけてはならない。

〔例〕 $\dfrac{\text{ウエ}}{\text{オ}}$ に$-\dfrac{4}{5}$と答えたいとき

ウ	● ⓪ ① ② ③ ④ ⑤ ⑥ ⑦ ⑧ ⑨
エ	⊖ ⓪ ① ② ③ ● ⑤ ⑥ ⑦ ⑧ ⑨
オ	⊖ ⓪ ① ② ③ ④ ● ⑥ ⑦ ⑧ ⑨

(3) 根号を含む形で解答する場合は，根号の中に現れる自然数が最小となる形で答える。例えば， カ $\sqrt{ キ }$ に$4\sqrt{2}$と答えるところを，$2\sqrt{8}$のように答えてはならない。

(4) 分数形で根号を含む形で解答する場合，$\dfrac{\boxed{\text{ク}}+\boxed{\text{ケ}}\sqrt{\boxed{\text{コ}}}}{\boxed{\text{サ}}}$ に $\dfrac{3+2\sqrt{2}}{2}$ と答えるところを，$\dfrac{6+4\sqrt{2}}{4}$ や $\dfrac{6+2\sqrt{8}}{4}$ のように答えてはならない。

◀数学 I・II・III・A・B▶

(60 分)

I　(1)　以下の枠に入る正しい文を次の 1 ～ 4 のうちから選び番号を答えよ。

1. 必要十分条件である　　　　　　　2. 必要条件であるが十分条件ではない

3. 十分条件であるが必要条件ではない　4. 必要条件でも十分条件でもない

(i)　2 次方程式 $ax^2 + bx + c = 0$ について，$b^2 - 4ac = 0$ であることは，2 次
方程式が実数解をもつための 　ア　 。ただし，a, b, c は実数とする。

(ii)　関数 $f(x)$ について，$f(x)$ の導関数が $3x^2$ であることは，$f(x) = x^3$ で
あるための 　イ　 。

(iii)　数列 $\{d_n\}$ について，すべての自然数 k に対して $d_{2k-1} = -2$ かつ $d_{2k} = 2$
であることは，$\{d_n\}$ が等比数列であるための 　ウ　 。

(iv)　2 つの単位ベクトル $\vec{p}$, $\vec{q}$ について，$\vec{p} = -\vec{q}$ であることは，$\vec{p}$ と $\vec{q}$
の内積が -1 であるための 　エ　 。

(2)　方程式 $27^{x+1} + 53 \cdot 9^x - 2 \cdot 3^x = 0$ の解は $x = $ 　オカ　 である。

(3)　整式 x^{2022} を $x - 1$ で割ったときの余りは 　キ　 であり，$(x-1)^2$ で割っ
たときの余りは 　クケコサ　 $x -$ 　シスセソ　 である。

(4)　整式 $P(x)$ を $x^2 + 1$ で割ったときの余りは $-x + 2$ であり，$x^2 - 1$ で割っ
たときの余りは $-5x + 8$ である。$P(x)$ を $x^4 - 1$ で割ったときの余りは

$$\boxed{\text{タチ}}\, x^3 + \boxed{\text{ツ}}\, x^2 - \boxed{\text{テ}}\, x + \boxed{\text{ト}}$$

である。

II　関数 $f(x) = x^2 - |x - a| - a^2 + 5a$ を考える。ただし，a は実数とする。

(1)　$a = \dfrac{1}{4}$ とする。関数 $f(x)$ は $x \geqq \dfrac{1}{4}$ のとき

$$f(x) = \left(x - \frac{\boxed{\text{ア}}}{\boxed{\text{イ}}} \right)^2 + \frac{\boxed{\text{ウ エ}}}{\boxed{\text{オ カ}}}$$

であり，$x < \dfrac{1}{4}$ のとき

$$f(x) = \left(x + \frac{\boxed{\text{キ}}}{\boxed{\text{ク}}} \right)^2 + \frac{\boxed{\text{ケ コ}}}{\boxed{\text{サ シ}}}$$

である。

(2)　$a = 0$ とする。関数 $f(x)$ が最小値をとる x の値はちょうど $\boxed{\text{ス}}$ 個あり，$f(x)$ の最小値は $\dfrac{\boxed{\text{セ ソ}}}{\boxed{\text{タ}}}$ である。

(3)　関数 $f(x)$ の最小値は $a \geqq 0$ のとき

$$\boxed{\text{チ}}\, a^2 + \boxed{\text{ツ}}\, a - \frac{\boxed{\text{テ}}}{\boxed{\text{ト}}}$$

であり，$a < 0$ のとき

$$\boxed{\text{ナ}}\, a^2 + \boxed{\text{ニ}}\, a - \frac{\boxed{\text{ヌ}}}{\boxed{\text{ネ}}}$$

である。

III　原点を O とする座標平面上の曲線 $C: y = \dfrac{2x+9}{e^x}$ を考える。ただし，e は自然対数の底とする。

(1)　関数 $y = \dfrac{2x+9}{e^x}$ は $x = \dfrac{\boxed{アイ}}{\boxed{ウ}}$ で最大値をとる。また，C の凹凸の状態

　　　が変わる境目の点の x 座標は $\dfrac{\boxed{エオ}}{\boxed{カ}}$ である。

(2)　O から C に引いた 2 つの接線を ℓ，ℓ' とし，C と ℓ との接点を P，C と ℓ' との接点を Q とする。ただし，P の x 座標は Q の x 座標より小さいとする。

　(i)　ℓ の傾きは $\boxed{キ}\, e^{\boxed{ク}}$ であり，ℓ' の傾きは $\boxed{ケコ}\, e^{\frac{\boxed{サ}}{\boxed{シ}}}$ である。

　　　また，P の y 座標は $\boxed{ス}\, e^{\boxed{セ}}$ であり，Q の y 座標は $\boxed{ソ}\, e^{\frac{\boxed{タ}}{\boxed{チ}}}$ である。

　(ii)　2 つの線分 OP，OQ と，点 P から点 Q までの曲線 C で囲まれた部分の面積は

$$\dfrac{\boxed{ツ}}{\boxed{テ}}\, e^{\frac{\boxed{ト}}{\boxed{ナ}}} - \dfrac{\boxed{ニ}}{\boxed{ヌ}}\, e^{\boxed{ネ}}$$

　　　である。

◀数学Ⅰ・Ⅱ・A・B▶

(60 分)

Ⅰ　(1)　以下の枠に入る正しい文を次の 1 〜 4 のうちから選び番号を答えよ。

1. 必要十分条件である　　　　2. 必要条件であるが十分条件ではない

3. 十分条件であるが必要条件ではない　　4. 必要条件でも十分条件でもない

(i)　2 次方程式 $ax^2 + bx + c = 0$ について，$b^2 - 4ac = 0$ であることは，2 次方程式が実数解をもつための　ア　。ただし，a，b，c は実数とする。

(ii)　関数 $f(x)$ について，$f(x)$ の導関数が $3x^2$ であることは，$f(x) = x^3$ であるための　イ　。

(iii)　数列 $\{d_n\}$ について，すべての自然数 k に対して $d_{2k-1} = -2$ かつ $d_{2k} = 2$ であることは，$\{d_n\}$ が等比数列であるための　ウ　。

(iv)　2 つの単位ベクトル $\vec{p}$，$\vec{q}$ について，$\vec{p} = -\vec{q}$ であることは，$\vec{p}$ と $\vec{q}$ の内積が -1 であるための　エ　。

(2)　方程式 $27^{x+1} + 53 \cdot 9^x - 2 \cdot 3^x = 0$ の解は $x = $ オカ　である。

(3)　整式 x^{2022} を $x - 1$ で割ったときの余りは　キ　であり，$(x-1)^2$ で割ったときの余りは クケコサ $x - $ シスセソ　である。

(4)　整式 $P(x)$ を $x^2 + 1$ で割ったときの余りは $-x + 2$ であり，$x^2 - 1$ で割ったときの余りは $-5x + 8$ である。$P(x)$ を $x^4 - 1$ で割ったときの余りは

$$\boxed{タチ}\, x^3 + \boxed{ツ}\, x^2 - \boxed{テ}\, x + \boxed{ト}$$

である。

II　関数 $f(x) = x^2 - |x - a| - a^2 + 5a$ を考える。ただし，a は実数とする。

(1)　$a = \dfrac{1}{4}$ とする。関数 $f(x)$ は $x \geqq \dfrac{1}{4}$ のとき

$$f(x) = \left(x - \dfrac{\boxed{\text{ア}}}{\boxed{\text{イ}}}\right)^2 + \dfrac{\boxed{\text{ウエ}}}{\boxed{\text{オカ}}}$$

であり，$x < \dfrac{1}{4}$ のとき

$$f(x) = \left(x + \dfrac{\boxed{\text{キ}}}{\boxed{\text{ク}}}\right)^2 + \dfrac{\boxed{\text{ケコ}}}{\boxed{\text{サシ}}}$$

である。

(2)　$a = 0$ とする。関数 $f(x)$ が最小値をとる x の値はちょうど $\boxed{\text{ス}}$ 個あり，$f(x)$ の最小値は $\dfrac{\boxed{\text{セソ}}}{\boxed{\text{タ}}}$ である。

(3)　関数 $f(x)$ の最小値は $a \geqq 0$ のとき

$$\boxed{\text{チ}}\,a^2 + \boxed{\text{ツ}}\,a - \dfrac{\boxed{\text{テ}}}{\boxed{\text{ト}}}$$

であり，$a < 0$ のとき

$$\boxed{\text{ナ}}\,a^2 + \boxed{\text{ニ}}\,a - \dfrac{\boxed{\text{ヌ}}}{\boxed{\text{ネ}}}$$

である。

Ⅲ　関数 $f(x) = x^3 + ax^2 + bx + c$ を考える。ただし，a, b, c は実数とする。座標平面上の曲線 $C : y = f(x)$ は 3 点 $(0, -1)$, $(1, 2)$, $(3, 2)$ を通る。

(1)　$a = \boxed{\text{アイ}}$，$b = \boxed{\text{ウ}}$，$c = \boxed{\text{エオ}}$ である。

(2)　$f(x)$ は $x = \dfrac{\boxed{\text{カ}}}{\boxed{\text{キ}}}$ で極小値 $\dfrac{\boxed{\text{クケ}}}{\boxed{\text{コサ}}}$ をとる。

(3)　C 上の点 $\left(\dfrac{3}{2}, f\left(\dfrac{3}{2} \right) \right)$ における接線を ℓ とする。ℓ の y 切片は $\dfrac{\boxed{\text{シ}}}{\boxed{\text{ス}}}$ であり，C と ℓ で囲まれた部分の面積は $\dfrac{\boxed{\text{セ}}}{\boxed{\text{ソタチ}}}$ である。

(4)　C を x 軸方向に -1，y 軸方向に -2 だけ平行移動した曲線を C' とする。2 つの曲線 C, C' で囲まれた部分の面積は $\dfrac{\boxed{\text{ツテ}}\sqrt{\boxed{\text{トナ}}}}{\boxed{\text{ニヌ}}}$ である。

2 月 12 日実施分　　解　答

◀数学 I・II・III・A・B▶

I **解答** (1) アー3　イー2　ウー3　エー1
(2) オカ．－3
(3) キ．1　クケコサ．2022　シスセソ．2021
(4) タチ．－2　ツ．3　テ．3　ト．5

◀解　説▶

≪小問 4 問≫

(1)(i)　$b^2-4ac=0 \Longleftarrow ax^2+bx+c=0$ は実数解をもつ

よって $b^2-4ac=0$ であることは，2 次方程式が実数解をもつための十分
条件であるが必要条件ではない。

ゆえに，3 が正解。（→ア）

(ii)　$f'(x)=3x^2 \Longleftarrow f(x)=x^3$

よって，$f(x)$ の導関数が $3x^2$ であることは，$f(x)=x^3$ であるための必要
条件であるが十分条件ではない。

ゆえに，2 が正解。（→イ）

(iii)　$d_{2k-1}=-2$ かつ $d_{2k}=2 \Longrightarrow \{d_n\}$ は等比数列

よって，$d_{2k-1}=-2$ かつ $d_{2k}=2$ であることは，$\{d_n\}$ が等比数列であるた
めの十分条件であるが必要条件ではない。

ゆえに，3 が正解。（→ウ）

(iv)　$\vec{p}=-\vec{q}$ ならば

$$\vec{p}\cdot\vec{q}=-\vec{q}\cdot\vec{q}=-|\vec{q}|^2=-1$$

$\vec{p}\cdot\vec{q}=-1$ ならば

$\vec{p}$ と $\vec{q}$ のなす角を θ とすると

$$\cos\theta=\frac{\vec{p}\cdot\vec{q}}{|\vec{p}||\vec{q}|}=\frac{-1}{1\cdot1}=-1$$

$$\theta = 180°$$
$$\vec{p} = -\vec{q}$$
$$\vec{p} = -\vec{q} \Longleftrightarrow \vec{p} \cdot \vec{q} = -1$$

よって $\vec{p} = -\vec{q}$ であることは，$\vec{p}$ と $\vec{q}$ の内積が -1 であるための必要十分条件である。

ゆえに，1 が正解。（→エ）

(2) 　　　$27^{x+1} + 53 \cdot 9^x - 2 \cdot 3^x = 0$

　　　　　$(3^3)^{x+1} + 53 \cdot (3^2)^x - 2 \cdot 3^x = 0$

　　　　　$3^{3x+3} + 53 \cdot 3^{2x} - 2 \cdot 3^x = 0$

　　　　　$3^{3x} \cdot 3^3 + 53 \cdot 3^{2x} - 2 \cdot 3^x = 0$

　　　　　$27 \cdot (3^x)^3 + 53 \cdot (3^x)^2 - 2 \cdot 3^x = 0$

$3^x \neq 0$ であるから

　　　　　$27 (3^x)^2 + 53 \cdot 3^x - 2 = 0$

　　　　　$(27 \cdot 3^x - 1)(3^x + 2) = 0$

$3^x + 2 \neq 0$ であるから

　　　　　$27 \cdot 3^x - 1 = 0$

　　　　　$3^x = \dfrac{1}{27}$

　　　　　$3^x = 3^{-3}$

よって　　$x = -3$　（→オカ）

(3) $f(x) = x^{2022}$ とおくと，$f(x)$ を $x-1$ で割った余りは

　　　　　$f(1) = 1^{2022} = 1$　（→キ）

$f(x)$ を $(x-1)^2$ で割った商を $Q(x)$，余りを $ax+b$ （a, b は整数）とおくと

　　　　　$f(x) = (x-1)^2 Q(x) + ax + b$

$x=1$ を代入すると

　　　　　$f(1) = a + b$

よって　　$a + b = 1$　……①

　　　　　$f'(x) = 2(x-1)Q(x) + (x-1)^2 Q'(x) + a$

　　　　　$f'(1) = a$

一方，$f'(x) = 2022x^{2021}$ より

　　　　　$f'(1) = 2022$

よって　　　$a = 2022$

①より　　　$b = -2021$

ゆえに，求める余りは　　$2022x - 2021$　（→ク〜ソ）

(4)　$P(x)$ を $x^2 + 1$ で割った商を $Q_1(x)$，$x^2 - 1$ で割った商を $Q_2(x)$ とすると

$$P(x) = (x^2 + 1)Q_1(x) - x + 2 \quad \cdots\cdots ②$$

また

$$P(x) = (x^2 - 1)Q_2(x) - 5x + 8 \quad \cdots\cdots ③$$

$Q_1(x)$ を $x^2 - 1$ で割った商を $Q_3(x)$，余りを $px + q$（p, q は整数）とすると

$$Q_1(x) = (x^2 - 1)Q_3(x) + px + q \quad \cdots\cdots ④$$

②，④より

$$\begin{aligned}
P(x) &= (x^2 + 1)\{(x^2 - 1)Q_3(x) + px + q\} - x + 2 \\
&= (x^4 - 1)Q_3(x) + (x^2 + 1)(px + q) - x + 2 \\
&= (x^4 - 1)Q_3(x) + px^3 + qx^2 + (p - 1)x + q + 2 \quad \cdots\cdots ⑤
\end{aligned}$$

③より　　$P(1) = -5 + 8 = 3$

⑤より　　$P(1) = p + q + (p - 1) + q + 2 = 2p + 2q + 1$

よって　　$2p + 2q + 1 = 3$

　　　　$p + q = 1$　$\cdots\cdots ⑥$

同様にして $P(-1)$ を計算すると

　　　　$-2p + 2q + 3 = 13$

　　　　$p - q = -5$　$\cdots\cdots ⑦$

⑥と⑦を連立させて解くと

　　　　$p = -2, \ q = 3$

よって求める余りは

　　　　$-2x^3 + 3x^2 - 3x + 5$　（→タ〜ト）

II　解答

(1)ア．1　イ．2　ウエ．19　オカ．16　キ．1
　　ク．2　ケコ．11　サシ．16

(2) ス．2　セソ．−1　タ．4

(3) チ．−　ツ．4　テ．1　ト．4　ナ．−　ニ．6　ヌ．1　ネ．4

━━━ ◀解　説▶ ━━━

≪絶対値を含む関数の最小値≫

(1)　$a = \dfrac{1}{4}$ のとき

$$f(x) = x^2 - \left| x - \dfrac{1}{4} \right| - \dfrac{1}{16} + \dfrac{5}{4}$$

$$= x^2 - \left| x - \dfrac{1}{4} \right| + \dfrac{19}{16}$$

(i)　$x \geq \dfrac{1}{4}$ のとき

$$f(x) = x^2 - \left(x - \dfrac{1}{4} \right) + \dfrac{19}{16}$$

$$= x^2 - x + \dfrac{23}{16}$$

$$= \left(x - \dfrac{1}{2} \right)^2 + \dfrac{19}{16} \quad (\rightarrow \text{ア}\sim\text{カ})$$

(ii)　$x < \dfrac{1}{4}$ のとき

$$f(x) = x^2 + \left(x - \dfrac{1}{4} \right) + \dfrac{19}{16}$$

$$= x^2 + x + \dfrac{15}{16}$$

$$= \left(x + \dfrac{1}{2} \right)^2 + \dfrac{11}{16} \quad (\rightarrow \text{キ}\sim\text{シ})$$

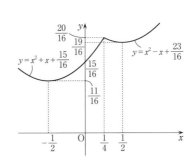

(2)　$a = 0$ のとき

$$f(x) = x^2 - |x|$$

(iii)　$x \geq 0$ のとき　　$f(x) = x^2 - x$

(iv)　$x < 0$ のとき　　$f(x) = x^2 + x$

$y = f(x)$ のグラフは右下図のようになる。

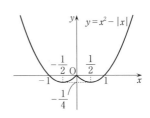

$f(x)$ が最小値をとる x の値は $\pm \dfrac{1}{2}$ であるから

ちょうど 2 個ある。　（→ス）

$f(x)$ の最小値は　　$\dfrac{-1}{4}$　（→セ～タ）

(3)　　$f(x) = x^2 - |x-a| - a^2 + 5a$

(ⅴ)　$x \geqq a$ のとき

$$f(x) = x^2 - (x-a) - a^2 + 5a$$
$$= x^2 - x - a^2 + 6a$$
$$= \left(x - \frac{1}{2}\right)^2 - a^2 + 6a - \frac{1}{4}$$

(ⅵ)　$x < a$ のとき

$$f(x) = x^2 + (x-a) - a^2 + 5a$$
$$= x^2 + x - a^2 + 4a$$
$$= \left(x + \frac{1}{2}\right)^2 - a^2 + 4a - \frac{1}{4}$$

(ⅴ), (ⅵ)の頂点の y 座標を比べる。

$a > 0$ のとき　　　$-a^2 + 6a - \dfrac{1}{4} > -a^2 + 4a - \dfrac{1}{4}$

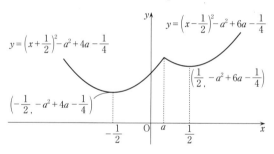

$a < 0$ のとき　　　$-a^2 + 6a - \dfrac{1}{4} < -a^2 + 4a - \dfrac{1}{4}$

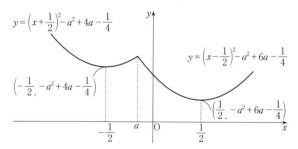

よって, $a \geqq 0$ のときは $y = \left(x + \dfrac{1}{2}\right)^2 - a^2 + 4a - \dfrac{1}{4}$ の頂点で最小値をとる。

そのときの最小値は　　$-a^2+4a-\dfrac{1}{4}$　（→チ～ト）

$a<0$ のときは $y=\left(x-\dfrac{1}{2}\right)^2-a^2+6a-\dfrac{1}{4}$ の頂点で最小値をとる。そのときの最小値は

$$-a^2+6a-\dfrac{1}{4}\quad（→ナ～ネ）$$

III　**解答**　(1)　アイ．-7　ウ．2　エオ．-5　カ．2

　　　　　　(2)　キ．$-$　ク．3　ケコ．-4　サ．3　シ．2

ス．3　セ．3　ソ．6　タ．3　チ．2　ツ．7　テ．2　ト．3

ナ．2　ニ．1　ヌ．2　ネ．3

━━━━◀解　説▶━━━━

≪曲線と接線で囲まれた部分の面積≫

(1)　$y=\dfrac{2x+9}{e^x}$ より

$$y'=\dfrac{2e^x-(2x+9)\,e^x}{e^{2x}}$$

$$=\dfrac{-2x-7}{e^x}$$

$y'=0$ とおくと　　$x=-\dfrac{7}{2}$

$$y''=\dfrac{-2e^x-(-2x-7)\,e^x}{e^{2x}}$$

$$=\dfrac{2x+5}{e^x}$$

よって，増減表は右のようになる。

以上より，y は $x=\dfrac{-7}{2}$ で最大値をとる。

　　　　　　　　　　　　　（→ア～ウ）

C の凹凸の状態が変わる境目の点の x 座標は

$$\dfrac{-5}{2}\quad（→エ～カ）$$

x	$\cdots$	$-\dfrac{7}{2}$	$\cdots$	$-\dfrac{5}{2}$	$\cdots$
y'	$+$	0	$-$	$-$	$-$
y''	$-$	$-$	$-$	0	$+$
y	↗		↘		↘

(2)　接点の座標を $\left(t, \dfrac{2t+9}{e^t}\right)$ とおく。

接線の方程式は

$$y-\frac{2t+9}{e^t}=\frac{-2t-7}{e^t}(x-t)$$

$$y=-\frac{2t+7}{e^t}x+\frac{2t^2+9t+9}{e^t}$$

これが原点を通ることより

$$2t^2+9t+9=0$$

$$(2t+3)(t+3)=0$$

$$t=-3,\ -\frac{3}{2}$$

(ⅰ)　$-3<-\dfrac{3}{2}$ であるから，$t=-3$ のときの接線が l で，接点は

$$\mathrm{P}(-3,\ 3e^3)$$

l の傾きは　　$\dfrac{-1}{e^{-3}}=-e^3$　（→キ，ク）

$t=-\dfrac{3}{2}$ のときの接線が l' で，接点は　　$\mathrm{Q}\left(-\dfrac{3}{2},\ 6e^{\frac{3}{2}}\right)$

l' の傾きは　　$\dfrac{-4}{e^{-\frac{3}{2}}}=-4e^{\frac{3}{2}}$　（→ケ〜シ）

点Pの y 座標は　　$3e^3$　（→ス，セ）

点Qの y 座標は　　$6e^{\frac{3}{2}}$　（→ソ〜チ）

(ⅱ)　求める面積は下図の網かけ部分である。

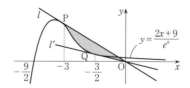

（求める面積）

$$=\int_{-\frac{3}{2}}^{0}\{-e^3x-(-4e^{\frac{3}{2}}x)\}\,dx+\int_{-3}^{-\frac{3}{2}}\left(-e^3x-\frac{2x+9}{e^x}\right)dx$$

$$=\left[(-e^3+4e^{\frac{3}{2}})\cdot\frac{x^2}{2}\right]_{-\frac{3}{2}}^{0}-e^3\left[\frac{x^2}{2}\right]_{-3}^{-\frac{3}{2}}-\int_{-3}^{-\frac{3}{2}}(2x+9)(-e^{-x})'\,dx$$

$$= (-e^3 + 4e^{\frac{3}{2}}) \times \left(-\frac{9}{8}\right) - \frac{e^3}{2}\left(\frac{9}{4} - 9\right)$$

$$- \left\{ \left[(2x+9)(-e^{-x}) \right]_{-3}^{-\frac{3}{2}} - \int_{-3}^{-\frac{3}{2}} 2\,(-e^{-x})\,dx \right\}$$

$$= \frac{9}{8}e^3 - \frac{9}{2}e^{\frac{3}{2}} + \frac{27}{8}e^3 - \left(-6e^{\frac{3}{2}} + 3e^3 + 2\int_{-3}^{-\frac{3}{2}} e^{-x}dx\right)$$

$$= \frac{9}{2}e^3 - \frac{9}{2}e^{\frac{3}{2}} + 6e^{\frac{3}{2}} - 3e^3 - 2\left[-e^{-x}\right]_{-3}^{-\frac{3}{2}}$$

$$= \frac{3}{2}e^3 + \frac{3}{2}e^{\frac{3}{2}} + 2\,(e^{\frac{3}{2}} - e^3)$$

$$= \frac{7}{2}e^{\frac{3}{2}} - \frac{1}{2}e^3 \quad (\rightarrow ツ \sim ネ)$$

◀数学Ⅰ・Ⅱ・A・B▶

Ⅰ　◀数学Ⅰ・Ⅱ・Ⅲ・A・B▶Ⅰに同じ。

Ⅱ　◀数学Ⅰ・Ⅱ・Ⅲ・A・B▶Ⅱに同じ。

Ⅲ　**解答**　(1)　アイ．−5　ウ．7　エオ．−1
　　　　　　(2)　カ．7　キ．3　クケ．22　コサ．27
(3)　シ．7　ス．2　セ．1　ソタチ．192
(4)　ツテ．37　トナ．37　ニヌ．54

━━━━◀解　説▶━━━━

≪2 曲線で囲まれた部分の面積≫
(1)　$f(x) = x^3 + ax^2 + bx + c$
点 $(0, -1)$, $(1, 2)$, $(3, 2)$ を通ることより
$$\begin{cases} -1 = c \\ 1 + a + b + c = 2 \\ 27 + 9a + 3b + c = 2 \end{cases}$$
よって　$a = -5$, $b = 7$, $c = -1$　（→ア～オ）
(2)　$f(x) = x^3 - 5x^2 + 7x - 1$
　　　$f'(x) = 3x^2 - 10x + 7$
　　　　　　$= (3x - 7)(x - 1)$
$f'(x) = 0$ とおくと
　　　$x = 1, \dfrac{7}{3}$

$f(x)$ の増減表は右のようになる。
よって，$x = \dfrac{7}{3}$ で極小値 $\dfrac{22}{27}$ をとる。

（→カ～サ）

x	$\cdots$	1	$\cdots$	$\dfrac{7}{3}$	$\cdots$
$f'(x)$	+	0	−	0	+
$f(x)$	↗	2	↘	$\dfrac{22}{27}$	↗

(3)　　$f\left(\dfrac{3}{2}\right)=\dfrac{13}{8}$

　　　　$f'\left(\dfrac{3}{2}\right)=-\dfrac{5}{4}$

接線 *l* の方程式は

　　　　$y-\dfrac{13}{8}=-\dfrac{5}{4}\left(x-\dfrac{3}{2}\right)$

　　　　$y=-\dfrac{5}{4}x+\dfrac{7}{2}$

よって *l* の *y* 切片は　　$\dfrac{7}{2}$　（→シ，ス）

$y=x^3-5x^2+7x-1$ と $y=-\dfrac{5}{4}x+\dfrac{7}{2}$ を連立

させて

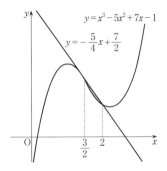

　　　　$x^3-5x^2+7x-1=-\dfrac{5}{4}x+\dfrac{7}{2}$

　　　　$4x^3-20x^2+33x-18=0$

　　　　$(x-2)(2x-3)^2=0$

　　　　$x=\dfrac{3}{2},\ 2$

よって求める面積は

　　　（求める面積）$=\displaystyle\int_{\frac{3}{2}}^{2}\left\{\left(-\dfrac{5}{4}x+\dfrac{7}{2}\right)-(x^3-5x^2+7x-1)\right\}dx$

　　　　　　　　　　$=\displaystyle\int_{\frac{3}{2}}^{2}\left(-x^3+5x^2-\dfrac{33}{4}x+\dfrac{9}{2}\right)dx$

　　　　　　　　　　$=\left[-\dfrac{1}{4}x^4+\dfrac{5}{3}x^3-\dfrac{33}{8}x^2+\dfrac{9}{2}x\right]_{\frac{3}{2}}^{2}$

　　　　　　　　　　$=\dfrac{1}{192}$　（→セ〜チ）

(4)　C' の方程式は

　　　　$y+2=(x+1)^3-5(x+1)^2+7(x+1)-1$

　　　　$y=x^3-2x^2$

$y=x^3-5x^2+7x-1$ と $y=x^3-2x^2$ を連立させて

　　　　$x^3-5x^2+7x-1=x^3-2x^2$

$3x^2 - 7x + 1 = 0$

この 2 つの解を $\alpha,\ \beta\ (\alpha<\beta)$ とすると

$$\alpha + \beta = \frac{7}{3},\ \ \alpha\beta = \frac{1}{3}$$

求める面積は

$$(求める面積) = \int_\alpha^\beta \{(x^3 - 5x^2 + 7x - 1) - (x^3 - 2x^2)\}\,dx$$

$$= \int_\alpha^\beta (-3x^2 + 7x - 1)\,dx$$

$$= \frac{3}{6}(\beta - \alpha)^3$$

$$= \frac{1}{2}\{(\alpha + \beta)^2 - 4\alpha\beta\}^{\frac{3}{2}}$$

$$= \frac{1}{2}\left\{\left(\frac{7}{3}\right)^2 - 4 \times \frac{1}{3}\right\}^{\frac{3}{2}}$$

$$= \frac{1}{2}\left(\frac{37}{9}\right)^{\frac{3}{2}}$$

$$= \frac{37\sqrt{37}}{54} \quad (\to ツ \sim ヌ)$$

2 月 13 日実施分　問　題

注　意

　問題の文中の $\boxed{\text{ア}}$ ，$\boxed{\text{イウ}}$ などの $\boxed{}$ には，特に指示のないかぎり，数値または符号（－）が入る。これらを次の方法で解答用紙の指定欄にマークせよ。

(1)　ア，イ，ウ，…の一つ一つは，それぞれ 0 から 9 までの数字，または－の符号のいずれか一つに対応する。それらをア，イ，ウ，…で示された解答欄にマークする。

　〔例〕　$\boxed{\text{アイ}}$ に－8 と答えたいとき

| ア | ● ⓪ ① ② ③ ④ ⑤ ⑥ ⑦ ⑧ ⑨ |
| イ | ⊖ ⓪ ① ② ③ ④ ⑤ ⑥ ⑦ ● ⑨ |

(2)　分数形が解答で求められているときは，既約分数（それ以上約分できない分数）で答える。符号は分子につけ，分母につけてはならない。

　〔例〕　$\dfrac{\boxed{\text{ウエ}}}{\boxed{\text{オ}}}$ に $-\dfrac{4}{5}$ と答えたいとき

ウ	● ⓪ ① ② ③ ④ ⑤ ⑥ ⑦ ⑧ ⑨
エ	⊖ ⓪ ① ② ③ ● ⑤ ⑥ ⑦ ⑧ ⑨
オ	⊖ ⓪ ① ② ③ ④ ● ⑥ ⑦ ⑧ ⑨

(3)　根号を含む形で解答する場合は，根号の中に現れる自然数が最小となる形で答える。例えば，$\boxed{\text{カ}}\sqrt{\boxed{\text{キ}}}$ に $4\sqrt{2}$ と答えるところを，$2\sqrt{8}$ のように答えてはならない。

(4)　分数形で根号を含む形で解答する場合，$\dfrac{\boxed{\text{ク}}+\boxed{\text{ケ}}\sqrt{\boxed{\text{コ}}}}{\boxed{\text{サ}}}$ に $\dfrac{3+2\sqrt{2}}{2}$ と答えるところを，$\dfrac{6+4\sqrt{2}}{4}$ や $\dfrac{6+2\sqrt{8}}{4}$ のように答えてはならない。

◀数学 I・Ⅱ・A・B▶

(60 分)

I (1) $0.00\dot{4} + 0.02\dot{3} = \dfrac{\boxed{ア}}{\boxed{イウ}}$ であり, $0.00\dot{4} + 0.0\dot{2}\dot{3} = \dfrac{\boxed{エ}}{\boxed{オカキ}}$ である。

(2) あるクラスは全部で生徒が 40 人おり, 男子 19 人, 女子 21 人である。その
うち, 1 月から 6 月生まれの生徒は男子 8 人, 女子 12 人である。

(i) 40 人から生徒 1 人を選び出したところ, その生徒は 7 月から 12 月生ま
れだった。このとき, その生徒が女子である確率は $\dfrac{\boxed{ク}}{\boxed{ケコ}}$ である。

(ii) 40 人から生徒 2 人を選び出す。この 2 人が男女 1 人ずつで, かつ 2 人と
も 1 月から 6 月生まれとなる確率は $\dfrac{\boxed{サ}}{\boxed{シス}}$ である。

(3) $a,\ b$ を実数とする。原点を O とする座標空間内の 3 点 A$(2, 3, -1)$,
B$(a, 2, 0)$, C$(-1, b, 2)$ がある直線 ℓ 上にある。

$$a = \boxed{セ}, \quad b = \boxed{ソ}$$

である。また, 直線 ℓ 上の点 P と O の距離は, P の座標が

$$\left(\boxed{タ}, \boxed{チ}, \boxed{ツ} \right)$$

のとき最小値 $\sqrt{\boxed{テ}}$ をとる。

(4) 関数

$$y = 16\tan^2 x - \dfrac{2}{\cos^4 x} - 9 \quad \left(-\dfrac{\pi}{2} < x < \dfrac{\pi}{2} \right)$$

は $x = \pm \dfrac{\boxed{ト}}{\boxed{ナ}}\pi$ のとき最大値 $\boxed{ニ}$ をとる。

II　a, r を実数とし $a \geqq r > 0$ とする。座標平面上の点 $P(0, a)$ を中心とする半径 r の円 C は，放物線 $y = x^2$ の $x \geqq 0$ の部分と 1 点 Q のみを共有しているとする。

(1)　$a = 2$ のとき，$r = \sqrt{\dfrac{\boxed{ア}}{\boxed{イ}}}$ であり，Q の x 座標は $\dfrac{\sqrt{\boxed{ウ}}}{\boxed{エ}}$ である。

(2)　$r = 1$ のとき，$a = \dfrac{\boxed{オ}}{\boxed{カ}}$ であり，Q の x 座標は $\dfrac{\sqrt{\boxed{キ}}}{\boxed{ク}}$ である。

(3)　点 Q が原点であるとき，a のとりうる値の範囲は，

$$0 < a \leqq \dfrac{\boxed{ケ}}{\boxed{コ}}$$

である。

(4)　点 Q が原点ではないとき，r を a を用いて表すと，

$$r = \sqrt{a - \dfrac{\boxed{サ}}{\boxed{シ}}}$$

であり，Q の x 座標を a を用いて表すと，

$$\sqrt{a - \dfrac{\boxed{ス}}{\boxed{セ}}}$$

である。

(5)　a の値が $0 < a \leqq 2$ の範囲を動くとき，円 C の半径 PQ が通過する部分の面積は，

$$\dfrac{\boxed{ソ}\sqrt{\boxed{タ}}}{\boxed{チ}}$$

である。

III 　自然数 $a,\ b$ を

$$a = 1 + 5 + 5^2 + 5^3 + 5^4 + 5^5$$
$$b = 5^{12} + 5^{13} + 5^{14} + 5^{15} + 5^{16} + 5^{17}$$

とする。

(1) 　a を 5 で割った余りは 　ア　 であり，10 で割った余りは 　イ　 である。

(2) 　a の最大の素因数は 　ウエ　 である。

(3) 　a の正の約数の個数は 　オカ　 であり，b の正の約数の個数は 　キクケ　 である。

(4) 　b を 1000 で割った余りは 　コサシ　 である。

(5) 　$b = 5^{\boxed{スセ}} a$ であり，$b = (ma + n)^2 a$ となる 1 桁の自然数 $m,\ n$ は $m = $ 　ソ　 ，$n = $ 　タ　 である。

(6) 　$ab - b - 20$ と $a + 4$ の最大公約数は 　チツ　 である。

2 月 13 日実施分　解　答

◀数学Ⅰ・Ⅱ・Ａ・Ｂ▶

Ⅰ　**解答**

(1)　ア．1　イウ．37　エ．3　オカキ．110
(2)　ク．9　ケコ．20　サ．8　シス．65
(3)　セ．1　ソ．0　タ．0　チ．1　ツ．1　テ．2
(4)　ト．1　ナ．3　ニ．7

━━━━◀解　説▶━━━━

≪小問 4 問≫

(1)　$0.\dot{0}0\dot{4} = x$ とおく。

$$1000x = 4.\dot{0}0\dot{4}$$
$$-)\quad x = 0.\dot{0}0\dot{4}$$
$$\overline{\qquad 999x = 4 \qquad}$$
$$x = \frac{4}{999}$$

$0.\dot{0}2\dot{3} = y$ とおく。

$$1000y = 23.\dot{0}2\dot{3}$$
$$-)\quad y = \ 0.\dot{0}2\dot{3}$$
$$\overline{\qquad 999y = 23 \qquad}$$
$$y = \frac{23}{999}$$

よって

$$0.\dot{0}0\dot{4} + 0.\dot{0}2\dot{3} = \frac{4}{999} + \frac{23}{999} = \frac{27}{999}$$

$$= \frac{1}{37} \quad (\rightarrow ア \sim ウ)$$

$0.\dot{0}0\dot{4} = z$ とおく。

$$100z = 0.40\overset{..}{4}\overset{}{}$$
$$-)\quad z = 0.00\overset{..}{4}$$
$$\overline{99z = 0.4}$$
$$z = \frac{4}{990}$$

$0.02\overset{..}{3} = w$ とおく。

$$100w = 2.3\overset{..}{2}\overset{..}{3}$$
$$-)\quad w = 0.0\overset{..}{2}\overset{..}{3}$$
$$\overline{99w = 2.3}$$
$$w = \frac{23}{990}$$

よって

$$0.00\overset{..}{4} + 0.02\overset{..}{3} = \frac{4}{990} + \frac{23}{990} = \frac{27}{990}$$

$$= \frac{3}{110} \quad (\to エ \sim キ)$$

(2)　選び出した生徒が男子である事象を A とすると，女子である事象は $\overline{A}$ と表すことができる。また，選び出した生徒が 1 月から 6 月生まれである事象を B とすると，7 月から 12 月生まれである事象は $\overline{B}$ と表すことができる。

題意より，各事象の要素の数を整理すると右表のようになる。

	$n(A)$ 男	$n(\overline{A})$ 女	計
$n(B)$ 1～6 月	8	12	20
$n(\overline{B})$ 7～12 月	11	9	20
計	19	21	40

(i)　40 人の生徒から 1 人選び出す方法は

$${}_{40}C_1 = 40$$

$$P(\overline{A} \cap \overline{B}) = \frac{9}{40}$$

$$P(\overline{B}) = \frac{20}{40}$$

$$P(\overline{A} \cap \overline{B}) = P(\overline{B} \cap \overline{A})$$
$$= P(\overline{B}) \cdot P_{\overline{B}}(\overline{A})$$

求める確率は

$$P_{\overline{B}}(\overline{A}) = \frac{P(\overline{A} \cap \overline{B})}{P(\overline{B})} = \frac{\dfrac{9}{40}}{\dfrac{20}{40}}$$

$$= \frac{9}{20} \quad (\to ク \sim コ)$$

(ii) 選び出した 2 人が男女 1 人ずつである事象を C, 2 人とも 1 月から 6 月生まれである事象を D とする。

$C \cap D$ は 1 月から 6 月生まれの男子から 1 人, 1 月から 6 月生まれの女子から 1 人選ぶ事象であるから

$$n(C \cap D) = {}_8C_1 \times {}_{12}C_1$$
$$= 96$$

40 人の生徒の中から 2 人選び出す方法は

$$_{40}C_2 = \frac{40 \cdot 39}{2} = 780$$

よって, 求める確率は

$$P(C \cap D) = \frac{96}{780} = \frac{8}{65} \quad (\to サ \sim ス)$$

(3) $\overrightarrow{AB} = (a-2, \ -1, \ 1)$, $\overrightarrow{AC} = (-3, \ b-3, \ 3)$

A, B, C が直線 l 上にあることより, 実数 k を用いて

$$\overrightarrow{AB} = k\overrightarrow{AC}$$

と書くことができる。

$$\begin{cases} a-2 = -3k \\ -1 = (b-3)k \\ 1 = 3k \end{cases}$$

より

$$k = \frac{1}{3}, \ a = 1, \ b = 0 \quad (\to セ, \ ソ)$$

点 P は直線 l 上にあるので, 実数 t を用いて

$$\overrightarrow{OP} = \overrightarrow{OA} + \overrightarrow{AP}$$
$$= \overrightarrow{OA} + t\overrightarrow{AB}$$

と書くことができる。

$$\overrightarrow{OP} = (2, \ 3, \ -1) + t(-1, \ -1, \ 1)$$
$$= (-t+2, \ -t+3, \ t-1)$$
$$|\overrightarrow{OP}| = \sqrt{(-t+2)^2 + (-t+3)^2 + (t-1)^2}$$
$$= \sqrt{3t^2 - 12t + 14}$$

$$= \sqrt{3(t-2)^2+2}$$

よって $t=2$ のとき最小値をとる。

そのときの P の座標は　　P $(0, 1, 1)$　（→タ〜ツ）

最小値は　　$\sqrt{2}$　（→テ）

(4)　　　$y = 16\tan^2 x - \dfrac{2}{\cos^4 x} - 9$

　　　　　$= 16\tan^2 x - 2(1+\tan^2 x)^2 - 9$

　　　　　$= -2\tan^4 x + 12\tan^2 x - 11$

　　　　　$= -2(\tan^2 x - 3)^2 + 7$

$-\dfrac{\pi}{2} < x < \dfrac{\pi}{2}$ であるから，$\tan^2 x = 3$ のとき，y は最大値をとる。

　　　　$\tan x = \pm\sqrt{3}$

よって，$x = \pm\dfrac{1}{3}\pi$ のとき，y は最大値 7 をとる。（→ト〜ニ）

Ⅱ 　**解答**　(1)　ア．7　イ．2　ウ．6　エ．2
　　　　　　　　(2)　オ．5　カ．4　キ．3　ク．2

(3)　ケ．1　コ．2

(4)　サ．1　シ．4　ス．1　セ．2

(5)　ソ．5　タ．6　チ．8

◀解　説▶

≪円と放物線が接する条件，線分が通過する部分の面積≫

点 P $(0, a)$ を中心とし，半径 r の円 C の方程式を

　　　　$x^2 + (y-a)^2 = r^2$ ……①

放物線を

　　　　$y = x^2$ ……②

とおく。

②を①に代入して

　　　　$y + (y-a)^2 = r^2$

　　　　$y^2 - (2a-1)y + a^2 - r^2 = 0$ ……③

(1)　$a=2$ のとき，③は

　　　　$y^2 - 3y + 4 - r^2 = 0$ ……④

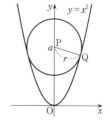

①，②が 1 点のみを共有することより，④の判別式を D_1 とすると

$$D_1 = 3^2 - 4(4 - r^2) = 0$$

$$r^2 = \frac{7}{4}$$

$r > 0$ より 　　$r = \dfrac{\sqrt{7}}{2}$ 　（→ア，イ）

このとき 　　$y = \dfrac{3}{2},\ x = \pm\dfrac{\sqrt{6}}{2}$

よって，Q の x 座標は 　　$\dfrac{\sqrt{6}}{2}$ 　（→ウ，エ）

(2)　$r = 1$ のとき，③より

$$y^2 - (2a - 1)y + a^2 - 1 = 0 \quad \cdots\cdots ⑤$$

①，②が 1 点のみを共有することより，⑤の判別式を D_2 とすると

$$D_2 = (2a - 1)^2 - 4(a^2 - 1) = 0$$

$$a = \frac{5}{4} \quad （→オ，カ）$$

このとき 　　$y = \dfrac{3}{4},\ x = \pm\dfrac{\sqrt{3}}{2}$

よって，Q の x 座標は 　　$\dfrac{\sqrt{3}}{2}$ 　（→キ，ク）

(3)　点 Q が原点であることより 　　$a = r$

③より 　　$y^2 - (2a - 1)y = 0$

$$y\{y - (2a - 1)\} = 0$$

$y \geqq 0$ で 1 つの実数解をもつことより

$$2a - 1 \leqq 0$$

$$a \leqq \frac{1}{2}$$

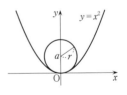

よって a のとりうる値の範囲は

$$0 < a \leqq \frac{1}{2} \quad （→ケ，コ）$$

(4)　③が重解をもつ条件より，判別式を D_3 とすると

$$D_3 = (2a - 1)^2 - 4(a^2 - r^2) = 0$$

$$r = \sqrt{a - \frac{1}{4}} \quad （→サ，シ）$$

このとき，③より

$$y = a - \frac{1}{2}, \quad x = \pm\sqrt{a - \frac{1}{2}}$$

よって Q の x 座標は　　$\sqrt{a - \frac{1}{2}}$　（→ス，セ）

(5)　(i)　点 Q が原点にあるとき $\left(0 < a \leqq \frac{1}{2}\right)$

P $(0, a)$，Q $(0, 0)$ である。

円 C の半径 PQ が通過する部分は，2 点 $\left(0, \frac{1}{2}\right)$, $(0, 0)$ を結ぶ線分である。

(ii)　点 Q が原点にないとき $\left(\frac{1}{2} < a \leqq 2\right)$

点 P は y 軸上を点 $\left(0, \frac{1}{2}\right)$ から点 $(0, 2)$ まで移動し，点 Q は $y = x^2$ 上を点 $(0, 0)$ から点 $\left(\frac{\sqrt{6}}{2}, \frac{3}{2}\right)$ まで移動する。

(i)，(ii)より，求める面積は右図の網かけ部分である。

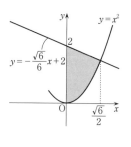

$$\begin{aligned}(求める面積) &= \int_0^{\frac{\sqrt{6}}{2}} \left\{\left(-\frac{\sqrt{6}}{6}x + 2\right) - x^2\right\} dx \\ &= \left[-\frac{x^3}{3} - \frac{\sqrt{6}}{12}x^2 + 2x\right]_0^{\frac{\sqrt{6}}{2}} \\ &= \frac{5\sqrt{6}}{8} \quad (→ソ～チ)\end{aligned}$$

III　解答

(1)　ア．1　イ．6

(2)　ウエ．31

(3)　オカ．24　キクケ．312

(4)　コサシ．250

(5)　スセ．12　ソ．4　タ．1

(6)　チツ．10

━━━━━━ ◀解　説▶ ━━━━━━

≪整数の割り算と余り，互除法≫

(1)　　$a = 1 + 5 + 5^2 + 5^3 + 5^4 + 5^5$

　　　　$= 1 + 5(1 + 5 + 5^2 + 5^3 + 5^4)$

よって，a を5で割った余りは　　1　（→ア）

5, 5^2, 5^3, 5^4, 5^5 はすべて10で割ると5余る。

よって a は10で割ると6余る。（→イ）

(2)　　$a = \dfrac{1 - 5^6}{1 - 5}$

　　　　　$= \dfrac{15624}{4}$

　　　　　$= 3906$

　　　　　$= 2 \times 3^2 \times 7 \times 31$

よって，a の最大の素因数は　　31　（→ウエ）

(3)　a の約数は $2^p 3^q 7^r 31^s$ と書くことができる。

　　　　$p = 0, 1$　　$q = 0, 1, 2$　　$r = 0, 1$　　$s = 0, 1$

よって正の約数の個数は

　　　　$2 \times 3 \times 2 \times 2 = 24$ 個　（→オカ）

　　　　$b = 5^{12} + 5^{13} + 5^{14} + 5^{15} + 5^{16} + 5^{17}$

　　　　　$= 5^{12}(1 + 5 + 5^2 + 5^3 + 5^4 + 5^5)$

　　　　　$= 2 \times 3^2 \times 7 \times 5^{12} \times 31$

よって，a と同様に，b の正の約数の個数は

　　　　$2 \times 3 \times 2 \times 13 \times 2 = 312$ 個　（→キクケ）

(4)　　$5^3 = 125$

　　　　　$= 0 \times 1000 + 125$

5^3 を1000で割った余りは　　125

　　　　$5^4 = 5 \times 5^3$

　　　　　$= 5 \times (0 \times 1000 + 125)$

　　　　　$= 0 \times 1000 + 625$

5^4 を1000で割った余りは　　625

　　　　$5^5 = 5 \times 5^4$

　　　　　$= 5 \times (0 \times 1000 + 625)$

$$= 0 \times 1000 + 3125$$
$$= 3 \times 1000 + 125$$

5^5 を 1000 で割った余りは　　　125

以下同様に考えると

$5^n\ (n = 3,\ 4,\ \cdots)$ を 1000 で割った余りは

　　n が奇数のとき　　　125

　　n が偶数のとき　　　625

よって，5^{12}，5^{14}，5^{16} を 1000 で割った余りは　　　625

　　　　5^{13}，5^{15}，5^{17} を 1000 で割った余りは　　　125

ゆえに，$5^{12} + 5^{13} + 5^{14} + 5^{15} + 5^{16} + 5^{17}$ を 1000 で割った余りは

　　　$625 \times 3 + 125 \times 3 = 2250$

を 1000 で割った余り 250 に等しい。

したがって，b を 1000 で割った余りは　　　250　　（→コサシ）

(5)　　　$b = 5^{12}(1 + 5 + 5^2 + 5^3 + 5^4 + 5^5)$

　　　　　$= 5^{12} a$　　（→スセ）

$b = (ma + n)^2 a$ より

　　$(ma + n)^2 = 5^{12}$

　　$ma + n = 5^6$

　　$3906m + n = 15625$

　　$3906m + n = 3906 \times 4 + 1$

　　$3906(m - 4) + (n - 1) = 0$

m，n は 1 桁の自然数であるから

　　$m = 4$，$n = 1$　　（→ソ，タ）

(6)　$ab - b - 20$ に $b = (4a + 1)^2 a$ を代入して

　　$ab - b - 20 = (a - 1)(4a + 1)^2 a - 20$

　　　　　　　　$= \{(a + 4) - 5\}\{4(a + 4) - 15\}^2\{(a + 4) - 4\} - 20$

　　　　　　　　$= (a + 4) \times (整数) + (-5) \times (-15)^2 \times (-4) - 20$

　　　　　　　　$= (a + 4) \times (整数) + 4480$

互除法より，$ab - b - 20$ と $a + 4$ の最大公約数は $a + 4$ と 4480 の最大公約
数に等しい。

　　　$a + 4 = 3910$

　　　　　$= 2 \times 5 \times 17 \times 23$

$$4480 = 2^7 \times 5 \times 7$$

よって，$a+4$ と 4480 の最大公約数は

$$2 \times 5 = 10$$

ゆえに，求める $ab-b-20$ と $a+4$ の最大公約数は   10 （→チツ）

//////////////// · **memo** · ////////////////

//////////////// · **memo** · ////////////////

//////////////// · **memo** · ////////////////

教学社 刊行一覧

2025年版 大学赤本シリーズ

国公立大学（都道府県順）

374大学556点 全都道府県を網羅

全国の書店で取り扱っています。店頭にない場合は、お取り寄せができます。

1 北海道大学(文系-前期日程)
2 北海道大学(理系-前期日程) 医
3 北海道大学(後期日程)
4 旭川医科大学(医学部〈医学科〉) 医
5 小樽商科大学
6 帯広畜産大学
7 北海道教育大学
8 室蘭工業大学／北見工業大学
9 釧路公立大学
10 公立千歳科学技術大学
11 公立はこだて未来大学 総推
12 札幌医科大学(医学部) 医
13 弘前大学 医
14 岩手大学
15 岩手県立大学・盛岡短期大学部・宮古短期大学部
16 東北大学(文系-前期日程)
17 東北大学(理系-前期日程) 医
18 東北大学(後期日程)
19 宮城教育大学
20 宮城大学
21 秋田大学 医
22 秋田県立大学
23 国際教養大学 総推
24 山形大学 医
25 福島大学
26 会津大学
27 福島県立医科大学(医・保健科学部) 医
28 茨城大学(文系)
29 茨城大学(理系)
30 筑波大学(推薦入試) 医総推
31 筑波大学(文系-前期日程)
32 筑波大学(理系-前期日程) 医
33 筑波大学(後期日程)
34 宇都宮大学
35 群馬大学 医
36 群馬県立女子大学
37 高崎経済大学
38 前橋工科大学
39 埼玉大学(文系)
40 埼玉大学(理系)
41 千葉大学(文系-前期日程)
42 千葉大学(理系-前期日程) 医
43 千葉大学(後期日程)
44 東京大学(文科) DL
45 東京大学(理科) DL 医
46 お茶の水女子大学
47 電気通信大学
48 東京外国語大学 DL
49 東京海洋大学
50 東京科学大学(旧 東京工業大学)
51 東京科学大学(旧 東京医科歯科大学) 医
52 東京学芸大学
53 東京藝術大学
54 東京農工大学
55 一橋大学(前期日程)
56 一橋大学(後期日程)
57 東京都立大学(文系)
58 東京都立大学(理系)
59 横浜国立大学(文系)
60 横浜国立大学(理系)
61 横浜市立大学(国際教養・国際商・理・データサイエンス・医〈看護〉学部)

62 横浜市立大学(医学部〈医学科〉) 医
63 新潟大学(人文・教育〈文系〉・法・経済科・医〈看護〉・創生学部)
64 新潟大学(教育〈理系〉・理・医〈看護を除く〉・歯・工・農学部)
65 新潟県立大学
66 富山大学(文系)
67 富山大学(理系) 医
68 富山県立大学
69 金沢大学(文系)
70 金沢大学(理系) 医
71 福井大学(教育・医〈看護〉・工・国際地域学部)
72 福井大学(医学部〈医学科〉) 医
73 福井県立大学
74 山梨大学(教育・医〈看護〉・工・生命環境学部)
75 山梨大学(医学部〈医学科〉) 医
76 都留文科大学
77 信州大学(文系-前期日程)
78 信州大学(理系-前期日程) 医
79 信州大学(後期日程)
80 公立諏訪東京理科大学 総推
81 岐阜大学(前期日程) 医
82 岐阜大学(後期日程)
83 岐阜薬科大学
84 静岡大学(前期日程)
85 静岡大学(後期日程)
86 浜松医科大学(医学部〈医学科〉) 医
87 静岡県立大学
88 静岡文化芸術大学
89 名古屋大学(文系)
90 名古屋大学(理系) 医
91 愛知教育大学
92 名古屋工業大学
93 愛知県立大学
94 名古屋市立大学(経済・人文社会・芸術工・看護・総合生命理・データサイエンス学部)
95 名古屋市立大学(医学部〈医学科〉) 医
96 名古屋市立大学(薬学部)
97 三重大学(人文・教育・医〈看護〉学部)
98 三重大学(医〈医〉・工・生物資源学部) 医
99 滋賀大学
100 滋賀医科大学(医学部〈医学科〉) 医
101 滋賀県立大学
102 京都大学(文系)
103 京都大学(理系) 医
104 京都教育大学
105 京都工芸繊維大学
106 京都府立大学
107 京都府立医科大学(医学部〈医学科〉) 医
108 大阪大学(文系) DL
109 大阪大学(理系) 医
110 大阪教育大学
111 大阪公立大学(現代システム科学域〈文系〉・文・法・経済・商・看護・生活科〈居住環境・人間福祉〉学部-前期日程)
112 大阪公立大学(現代システム科学域〈理系〉・理・工・農・獣医・医・生活科〈食栄養〉学部-前期日程) 医
113 大阪公立大学(中期日程)
114 大阪公立大学(後期日程)
115 神戸大学(文系-前期日程)
116 神戸大学(理系-前期日程) 医

117 神戸大学(後期日程)
118 神戸市外国語大学 DL
119 兵庫県立大学(国際商経・社会情報科・看護学部)
120 兵庫県立大学(工・理・環境人間学部)
121 奈良教育大学／奈良県立大学
122 奈良女子大学
123 奈良県立医科大学(医学部〈医学科〉) 医
124 和歌山大学
125 和歌山県立医科大学(医・薬学部) 医
126 鳥取大学 医
127 公立鳥取環境大学
128 島根大学 医
129 岡山大学(文系)
130 岡山大学(理系) 医
131 岡山県立大学
132 広島大学(文系-前期日程)
133 広島大学(理系-前期日程) 医
134 広島大学(後期日程)
135 尾道市立大学 総推
136 県立広島大学
137 広島市立大学
138 福山市立大学 総推
139 山口大学(人文・教育〈文系〉・経済・医〈看護〉・国際総合科学部)
140 山口大学(教育〈理系〉・理・医〈看護を除く〉・工・農・共同獣医学部) 医
141 山陽小野田市立山口東京理科大学 公推
142 下関市立大学／山口県立大学
143 周南公立大学 新総推
144 徳島大学 医
145 香川大学 医
146 愛媛大学 医
147 高知大学 医
148 高知工科大学
149 九州大学(文系-前期日程)
150 九州大学(理系-前期日程) 医
151 九州大学(後期日程)
152 九州工業大学
153 福岡教育大学
154 北九州市立大学
155 九州歯科大学
156 福岡県立大学／福岡女子大学
157 佐賀大学 医
158 長崎大学(多文化社会・教育〈文系〉・経済・医〈保健〉・環境科〈文系〉学部)
159 長崎大学(教育〈理系〉・医〈医〉・歯・薬・情報データ科・工・環境科〈理系〉・水産学部) 医
160 長崎県立大学 総推
161 熊本大学(文・教育・法・医〈看護〉学部・情報融合学環〈文系型〉)
162 熊本大学(理・医〈看護を除く〉・薬・工学部・情報融合学環〈理系型〉) 医
163 熊本県立大学
164 大分大学(教育・経済・医〈看護〉・理工・福祉健康科学部)
165 大分大学(医学部〈医・先進医療科学科〉) 医
166 宮崎大学(教育・医〈看護〉・工・農・地域資源創成学部)
167 宮崎大学(医学部〈医学科〉) 医
168 鹿児島大学(文系)
169 鹿児島大学(理系) 医
170 琉球大学 医

共通テスト対策 も 赤本で

❶ 過去問演習

2025年版
全12点

共通テスト 赤本シリーズ

A5判／定価1,320円
（本体1,200円）

▌ 英国数には新課程対応オリジナル実戦模試 掲載！
▌ 公表された新課程試作問題はすべて掲載！
▌ くわしい対策講座で得点力UP
▌ 英語はリスニングを10回分掲載！ 赤本の音声サイトで本番さながらの対策！

- 英語 リーディング／リスニング DL
- 数学I, A／II, B, C
- 国語

- 歴史総合, 日本史探究
- 歴史総合, 世界史探究
- 地理総合, 地理探究

- 公共, 倫理
- 公共, 政治・経済

- 物理
- 化学
- 生物
- 物理基礎／化学基礎／生物基礎／地学基礎

DL 音声無料配信

❷ 自己分析

赤本ノートシリーズ ## 過去問演習の効果を最大化

▶共通テスト対策には

赤本ノート
（共通テスト用）

赤本ルーズリーフ
（共通テスト用）

共通テスト
赤本シリーズ

新課程攻略
問題集

全26点
に対応!!

▶二次・私大対策には

大学赤本
シリーズ

全556点
に対応!!

赤本ノート（二次・私大用）

❸ 重点対策

**共通テスト
赤本プラス**

新課程攻略問題集

基礎固め&苦手克服のための分野別対策問題集!!
厳選された問題でかしこく対策

共通テスト
新課程 攻略問題集

情報 I

DL 音声無料配信

A5判／定価1,320円（本体1,200円）

- 英語リーディング
- 英語リスニング DL
- 数学I, A
- 数学II, B, C
- 国語（現代文）
- 国語（古文, 漢文）

- 歴史総合, 日本史探究
- 歴史総合, 世界史探究
- 地理総合, 地理探究
- 公共, 政治・経済
- 物理
- 化学
- 生物
- 情報I

全14点
好評発売中！

手軽なサイズの実戦的参考書

目からウロコの
コツが満載！

直前期にも！

満点のコツ
シリーズ

赤本
ポケット

いつも受験生のそばに ── 赤本

大学入試シリーズ＋α
入試対策も共通テスト対策も赤本で

入試対策
赤本プラス
赤 PLUS+ 本

赤本プラスとは,過去問演習の効果を最大にするためのシリーズです。「赤本」であぶり出された弱点を,赤本プラスで克服しましょう。

大学入試 すぐわかる英文法 DL
大学入試 ひと目でわかる英文読解
大学入試 絶対できる英語リスニング DL
大学入試 すぐ書ける自由英作文
大学入試 ぐんぐん読める
　英語長文(BASIC) DL
大学入試 ぐんぐん読める
　英語長文(STANDARD) DL
大学入試 ぐんぐん読める
　英語長文(ADVANCED) DL
大学入試 正しく書ける英作文
大学入試 最短でマスターする
　数学I・II・III・A・B・C
大学入試 突破力を鍛える最難関の数学
大学入試 知らなきゃ解けない
　古文常識・和歌
大学入試 ちゃんと身につく物理
大学入試 もっと身につく
　物理問題集(①力学・波動)
大学入試 もっと身につく
　物理問題集(②熱力学・電磁気・原子)

入試対策
英検®
赤本シリーズ

英検®(実用英語技能検定)の対策書。
過去問題集と参考書で万全の対策ができます。

▶過去問題集(**2024年度版**)
英検®準1級過去問題集 DL
英検®2級過去問題集 DL
英検®準2級過去問題集 DL
英検®3級過去問題集 DL

▶参考書
竹岡の英検®準1級マスター DL
竹岡の英検®2級マスター CD DL
竹岡の英検®準2級マスター CD DL
竹岡の英検®3級マスター CD DL

CD リスニングCDつき　DL 音声無料配信
新 2024年新刊・改訂

入試対策
赤本プレミアム

赤本の教学社だからこそ作れた,
過去問ベストセレクション

東大数学プレミアム
東大現代文プレミアム
京大数学プレミアム[改訂版]
京大古典プレミアム

入試対策
赤本メディカル
シリーズ

過去問を徹底的に研究し,独自の出題傾向をもつメディカル系の入試に役立つ内容を精選した実戦的なシリーズ。

〔国公立大〕医学部の英語[3訂版]
私立医大の英語[長文読解編][3訂版]
私立医大の英語[文法・語法編][改訂版]
医学部の実戦小論文[3訂版]
医歯薬系の英単語[4訂版]
医系小論文 最頻出論点20[4訂版]
医学部の面接[4訂版]

入試対策
体系シリーズ

国公立大二次・難関私大突破
へ,自学自習に適したハイレベル問題集。

体系英語長文　　体系世界史
体系英作文　　　体系物理[第7版]
体系現代文

入試対策
単行本

▶英語
Q&A即決英語勉強法
TEAP攻略問題集 新
東大の英単語[新装版]
早慶上智の英単語[改訂版]

▶国語・小論文
著者に注目! 現代文問題集
ブレない小論文の書き方 樋口式ワークノート

▶レシピ集
奥薗壽子の赤本合格レシピ

入試対策　共通テスト対策
赤本手帳

赤本手帳(2025年度受験用) プラムレッド
赤本手帳(2025年度受験用) インディゴブルー
赤本手帳(2025年度受験用) ナチュラルホワイト

入試対策
風呂で覚える
シリーズ

水をはじく特殊な紙を使用。いつでもどこでも読めるから,ちょっとした時間を有効に使える!

風呂で覚える英単語[4訂新装版]
風呂で覚える英熟語[改訂新装版]
風呂で覚える古文単語[改訂新装版]
風呂で覚える古文文法[改訂新装版]
風呂で覚える漢文[改訂新装版]
風呂で覚える日本史〈年代〉[改訂新装版]
風呂で覚える世界史〈年代〉[改訂新装版]
風呂で覚える倫理[改訂版]
風呂で覚える百人一首[改訂版]

共通テスト対策
満点のコツ
シリーズ

共通テストで満点を狙うための実戦的参考書。
重要度の増したリスニング対策は
「カリスマ講師」竹岡広信が一回読みにも対応できるコツを伝授!

共通テスト英語〈リスニング〉
　満点のコツ[改訂版] 新 DL
共通テスト古文 満点のコツ[改訂版] 新
共通テスト漢文 満点のコツ[改訂版] 新

入試対策　共通テスト対策
赤本ポケット
シリーズ

▶共通テスト対策
共通テスト日本史〈文化史〉

▶系統別進路ガイド
デザイン系学科をめざすあなたへ

2025 年版　大学赤本シリーズ　No. 512

近畿大学（理系数学〈医学部を除く 3
日程 × 3 カ年〉）

2024 年 7 月 10 日　第 1 刷発行
ISBN978-4-325-26571-9
定価は裏表紙に表示しています

編　集　教学社編集部
発行者　上原　寿明
発行所　教学社
　　　　〒606-0031
　　　　京都市左京区岩倉南桑原町56
　　　　電話　075-721-6500
　　　　振替　01020-1-15695
　　　　印　刷　太洋社